November 8, 1999

Happy Birthday
Dad!

Love
Katryna, Monika & Rachel

Comment ça marche ?
TECHNIQUES ET SCIENCES

PICCOLIA

Remerciements

Texte : Claire Llewellyn
Traduction et adaptation de Noëlle Avril
Infographie : Arthur Phillips, Kevin Jones Associates
Illustrations : Peter Kent
Recherche iconographique : Liz Eddison
Mise en page : Agence 7 ici

Crédits photos
(d = droite, g = gauche, h = haut, b= bas, c = centre)

Brian and Cherry Alexander 67bd - Allsport 16hd, 31h - Eric Bach/Britstock-IFA 85h - Trevor Barrett/Bruce Coleman 18bg - Andrew Besley/Images 13c - Anthony Blake Photo Library 48 - Alan Carr/Robert Harding 69b - Alain Compost/Bruce Coleman 22 - Diaf/Britstock-IFA 29d - Bernd Ducke/Britstock-IFA 26h - Alain Everard/Robert Harding 27hd - The Image Bank 51h, 51bg, 66bg, 79h - Jay/Britstock-IFA 49bd, 63hd, 81bd, - William Martin/Robert Harding 10, 11 - Pictor International 43 - Poguntke/Britstock-IFA 39d - David Redfern/Redferns 47 - Schuster/Robert Harding 69h - Sipa/Britstock-IFA 13h - Westock P.Skinner/Britstock-IFA 45hd - Spectrum 21hd, 28hd, 31b, 84h - Frances Stephane/Robert Harding 66h - Tony Stone 17hd, 19d, 50, 52b, 53h, 54, 55d, 64hd, 65, 83h - Superstock/Robert Harding 35bd - Israel Talby/Robert Harding 71 - Adina Tovy/Robert Harding 57bd - Tschariz/Britstock-IFA 87hd - Zefa 8, 9, 13b, 15hd, 22, 23, 36g, 38, 39h, 42h, 42b, 44bg, 52h, 72bg, 73hd, 82h - Zscharnak/Britstock-IFA 77bd

(Nous nous sommes efforcés de mentionner de manière exhaustive tous les crédits, et nous nous excusons par avance de tout oubli non intentionnel. Toute omission constatée sera corrigée lors d'éditions ultérieures.)

Table des matières

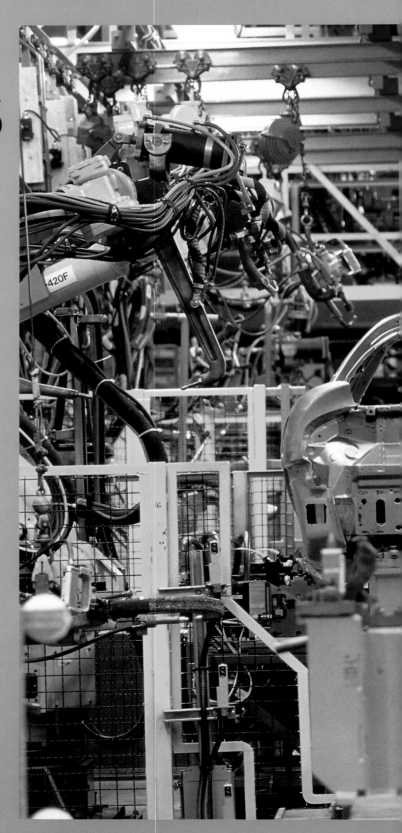

L'HOMME ET LES MACHINES

Comment marchent les objets dont nous nous servons tous les jours, à la maison, au travail, ou pour nous distraire ? Le sais-tu ? Grâce à ce livre, tu vas comprendre le fonctionnement de toutes sortes d'objets, d'appareils, de machines. Tu vas te faire une idée de tout ce qui se cache derrière les façades des magasins, des bureaux, dans le sous-sol des villes. Tu vas voir que bien des objets qui t'entourent sont le fruit de l'ingéniosité des hommes.

Se faciliter la vie

L'homme a toujours fabriqué des outils pour survivre. Les premiers hommes taillaient le bois pour se faire des javelots, car ils devaient chasser pour se nourrir. Aujourd'hui, on ne chasse plus pour se nourrir, mais on travaille pour gagner sa vie. C'est pour que son travail soit moins pénible et plus efficace que l'homme a inventé les **machines**.

Travailler en équipe

Les métiers d'aujourd'hui sont souvent plus complexes que l'artisanat d'autrefois. Pour réussir à produire quelque chose, il faut se mettre à plusieurs et former une équipe. Parfois c'est difficile de s'entendre, car certains veulent prouver qu'ils sont les meilleurs. D'autres fois, l'équipe marche bien, car les gens se mettent d'accord pour atteindre leur objectif.

Les machines à notre service
Qu'il s'agisse d'une calculatrice
électronique ou d'une caisse
enregistreuse, d'un camion de livraison
ou d'un bulldozer, les machines sont
faites pour nous faciliter la tâche. Même
pour fabriquer des machines, on utilise
des machines !

LES MACHINES ET LE MOUVEMENT

Il y a toutes sortes de **machines**. Il existe des machines simples, comme le tournevis ou la poulie, où la force se transmet directement, et des machines complexes, comme l'automobile, qui sont faites de centaines d'éléments qui fonctionnent ensemble.

La machine et l'énergie
Les machines ont besoin d'énergie pour travailler, exactement comme nous. Cette énergie peut provenir de différentes sources.

Il existe de nombreuses **sources** d'énergie : le pétrole, le charbon, la chaleur solaire, la force hydraulique, les centrales électriques, les réacteurs **nucléaires**, ou encore l'"huile de coude" (la force musculaire).

Énergie

Quand l'énergie se transmet à la machine, celle-ci se met à marcher. La machine transforme l'énergie en un travail précis. Le tournevis transforme la force du poignet en percement du bois. L'automobile convertit l'énergie du pétrole en locomotion, c'est-à-dire en mouvement.

▲ **Dans la pelleteuse, c'est de l'électricité qui fournit au bras la puissance dont elle a besoin pour soulever sa lourde pelletée de terre.**

AVION

L'avion est une **machine** volante dotée d'ailes et de moteurs. Il transporte des passagers ou des marchandises sur de longues distances. Les plus petits avions n'ont qu'une ou deux places, les plus gros transportent plus de 400 personnes. L'équipage des grands avions de ligne se compose d'un pilote, d'un co-pilote et d'un personnel de bord, hôtesses de l'air ou stewarts, qui s'occupe des passagers.

Comment vole un avion ?

Pour voler, l'avion doit vaincre deux **forces** : la force de gravité, qui l'attire vers le bas, et la résistance de l'air, qui s'oppose à sa progression. La surface portante de ses ailes l'aide à vaincre la gravité : l'aile est aspirée vers le haut grâce à son profil incurvé, qui, avec la vitesse, crée une dépression d'air sur sa face supérieure.

La **forme aérodynamique** du fuselage offre peu de résistance à l'air. L'air s'écoule sans turbulences. L'avion est moins freiné.

l'avion s'élève

ces filets d'air "tirent" l'aile vers le haut

Au décollage, l'air accélère au-dessus de l'aile en la "suçant" littéralement vers le haut. C'est la portance. L'air sous l'aile pousse l'avion vers le haut.

Voler est le moyen de locomotion le plus rapide. L'avion va si vite qu'il te permet de prendre ton petit-déjeuner le matin à Paris et de dîner le soir à New-York ! Mais les voyages en avion n'existent pas depuis très longtemps. À l'époque où sont nés tes grands-parents, peu de gens se déplaçaient en avion.

Les turboréacteurs
Aujourd'hui les grands avions ont des moteurs à réaction qui brûlent un **carburant** appelé kérosène. Ce sont les turboréacteurs, qui happent l'air par l'avant et le rejettent violemment par l'arrière : cela marche exactement comme le ballon de baudruche gonflé qui bondit en avant quand tu laisses l'air s'échapper par derrière.

Un avion a l'air lourd, mais il est fait de **matériaux** légers, comme l'aluminium. S'il ne tombe pas quand il vole, c'est parce que sa vitesse a une force supérieure à sa pesanteur. Il s'élève quand il accélère, il descend quand il ralentit.

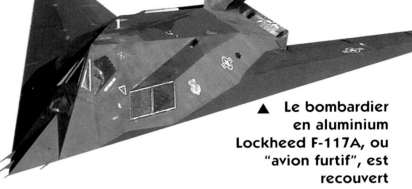

▲ **Le bombardier en aluminium Lockheed F-117A, ou "avion furtif", est recouvert d'une couche de peinture spéciale que le radar ne détecte pas.**

▼ **Dans le Grand Nord, les avions ont des skis sous le train d'atterrissage.**

À l'aéroport

À chaque atterrissage, on révise l'avion pour le vol suivant. L'équipage au sol vérifie le carburant, les **ingénieurs** contrôlent les systèmes de pilotage électronique, l'équipe de nettoyage lave et débarrasse les ordures, l'équipe de restauration charge les repas et les boissons dans l'avion.

▲ **On charge la cargaison d'un Boeing 747 par le nez. Son réservoir contient plus de 170 000 litres de carburant.**

13

SALLE DE BAINS

La salle de bains est la pièce où tu te laves. Tu y trouves un lavabo, une douche ou une baignoire et souvent des toilettes. La propreté est essentielle pour la santé. Quand tu te laves, tu te débarrasses des **germes** ou microbes invisibles qui se déposent sur ta peau, et qui peuvent te donner des maladies (et de mauvaises odeurs).

L'eau et les conduites d'eau

L'eau qui coule au robinet vient généralement d'un réseau qui distribue l'eau d'une rivière, d'un lac ou d'une nappe souterraine. L'eau froide arrive directement du tuyau d'arrivée à la cuisine ou à la salle de bains. L'eau chaude s'obtient en dérivant une partie de l'eau froide et en la faisant séjourner dans un réservoir où elle chauffe. L'eau sale part par des tuyaux d'écoulement et rejoint des canalisations souterraines appelées égouts. Ensuite, elle continue son chemin jusqu'à la **station d'épuration**, d'où elle ressort propre.

Le cycle de l'eau

Dans un robinet

Quand tu ouvres le robinet, tu soulèves un bouchon et tu livres passage à l'eau qui est sous pression dans le tuyau. Quand tu tournes dans l'autre sens, le passage se referme.

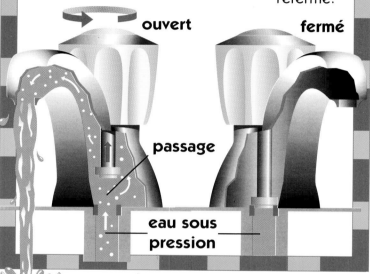

ouvert

fermé

passage

eau sous pression

❶ rivière

❷ station de pompage

❸ bassins de décantation

❹ château d'eau

❺ canalisation principale

❻ maison

Une eau chasse l'autre

La trombe de la chasse d'eau refoule l'eau sale, qui s'engloutit dans le siphon. Il reste toujours un peu d'eau dans le siphon, pour empêcher les odeurs fétides de remonter des égouts.

À quoi sert le shampooing ?

Les cheveux sales sont gras et l'eau ne dissout pas la graisse. Le shampooing est un détergent doux qui va donc commencer par dissoudre la graisse, pour qu'elle puisse ensuite s'en aller avec l'eau de rinçage.

▶ Le savon et la mousse de bain nettoient la peau selon le même principe.

incroyable

Si tu mettais bout à bout tous les tuyaux d'eau d'un appartement de trois pièces, ils auraient presque la même longueur que 10 wagons de chemin de fer.

❼ égout

❽ station d'épuration

❿ mer

❾ eau propre

VÉLO

▶ Ce vélo de course a des roues pleines, mais ultra légères, en fibre de carbone.

Le vélo est un **véhicule** à deux roues que même un enfant peut conduire. Le vélo n'a pas de moteur. Son **énergie** vient du mouvement des jambes et des pieds qui poussent les pédales. Au début, ce n'est pas facile de rester en équilibre, mais, une fois que tu as appris, tu n'oublies plus jamais. Dès que tu prends un peu de vitesse, tu cesses de chanceler. C'est parce que la **force** qui pousse le vélo en avant est devenue plus grande que la force qui le couche à terre.

Les parties du vélo

Le dérailleur donne au vélo plus de puissance dans les côtes. Pour qu'il fonctionne correctement, il faut le graisser régulièrement.

METS TOUJOURS UN CASQUE QUAND TU MONTES À VÉLO, POUR TE PROTÉGER LA TÊTE SI TU TOMBES, ET PORTE TOUJOURS DES VÊTEMENTS DE COULEUR CLAIRE, SURTOUT LA NUIT, POUR QU'ON TE DISTINGUE BIEN.

La pompe à vélo sert à gonfler les pneus. Les roues à pneus sont plus confortables que les roues sans pneus !

La chaîne communique la force des pédales à la roue arrière et la fait tourner. Il faut graisser la chaîne pour qu'elle ne rouille pas.

Les rayons métalliques rendent la roue robuste, mais légère.

incroyable

Déplace-toi en vélo !

Le vélo est un moyen de transport économique et **performant**. Il n'a pas besoin d'essence, ses réparations ne coûtent pas cher, il se gare facilement, il n'est jamais coincé dans les embouteillages. Et il ne pollue pas l'air par des **gaz d'échappement** !

Le vélo le plus long qu'on ait jamais vu avait 35 selles et 20 mètres de long.

Le guidon dirige le vélo.

▲ **Le vélo est pratique et peu coûteux. Dans certains pays, il sert même de voiture familiale.**

Les freins frottent contre les roues pour les ralentir. Tu dois les nettoyer pour qu'ils adhèrent correctement aux pneus.

Les pneus sont sculptés d'un motif en relief qui les fait adhérer à la route quand elle est mouillée.

BATEAU

Le bateau est un **véhicule** qui se déplace sur l'eau. Il existe de petits bateaux, qui naviguent sur les fleuves, les rivières, les lacs, et le long des côtes. Et il en existe d'énormes, appelés navires, qui traversent les océans. Mais ils flottent tous selon le même principe.

La flottaison

Un corps flotte si sa densité totale est plus faible que la densité de l'eau. Cela veut dire que tant qu'un bateau n'est pas trop lourd pour sa taille, la poussée de l'eau contre sa coque l'empêche de s'enfoncer.

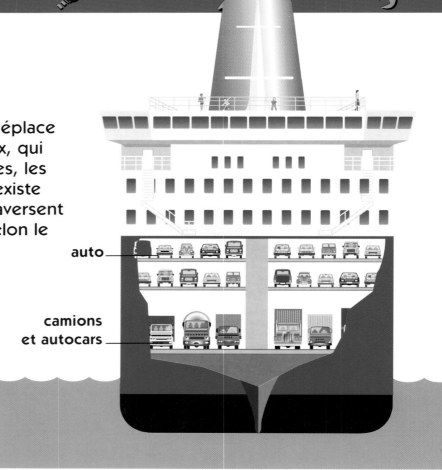

auto

camions et autocars

▲ Sur un ferry, on ne charge pas les véhicules dans n'importe quel ordre. On met les camions poids lourds à fond de cale pour stabiliser le navire en cas de forts vents.

◄ Le radeau est un des bateaux les plus simples. Ce sont des troncs d'arbre assemblés par des cordes.

Certains pétroliers ont plus de 400 mètres de long. Les marins sont obligés de se déplacer à vélo sur le pont.

incroyable

Qu'est-ce qui fait avancer un bateau ?

Pour avancer, les bateaux utilisent différentes formes d'**énergie.**

Les voiliers sont poussés par le vent. Parfois il y a trop de vent, et parfois c'est le calme plat...

Les barques, canots, canoës et kayaks marchent à la rame. Les rames tirent leur **force** des muscles du rameur. À la longue, celui-ci se fatigue.

Aujourd'hui, la plupart des bateaux sont propulsés par un moteur à **hélice**. Il leur faut du **carburant**, mais ils ne dépendent plus du vent comme à l'époque de la marine à voile.

▶ Un chantier naval : on construit la coque du navire en assemblant de grandes plaques d'acier sur une charpente.

Certains bateaux sont construits en **matériaux** légers, roseau, **fibre de verre** ou aluminium par exemple. Mais ce n'est pas le cas des navires modernes, qui sont des mastodontes d'acier et pèsent des milliers de tonnes. S'ils flottent, c'est à cause de leur énorme volume : leur gigantesque coque creuse contient tellement d'air que, malgré son poids, l'ensemble du navire est moins dense que l'eau.

LIVRE

Le livre est un support qui présente des histoires, des informations, des pensées et des images sous forme écrite, dans un recueil de pages de papier imprimées et **reliées** dans une couverture. De nombreux livres ont des illustrations qui aident à mieux comprendre le texte. Tu trouveras dans les librairies et les bibliothèques des milliers de livres, sur des milliers de sujets différents. Certains livres sont si universels qu'ils ont été traduits dans de multiples langues.

▲ Voici le même livre en langue grecque, en langue espagnole et en langue anglaise. Seul le texte a changé. Les images sont les mêmes.

C'est l'éditeur qui assure la réalisation du livre. Pour éditer des livres, la maison d'édition fait appel au concours de diverses personnes, qui ont chacune leur métier.

Le maquettiste choisit la mise en pages et la typographie.

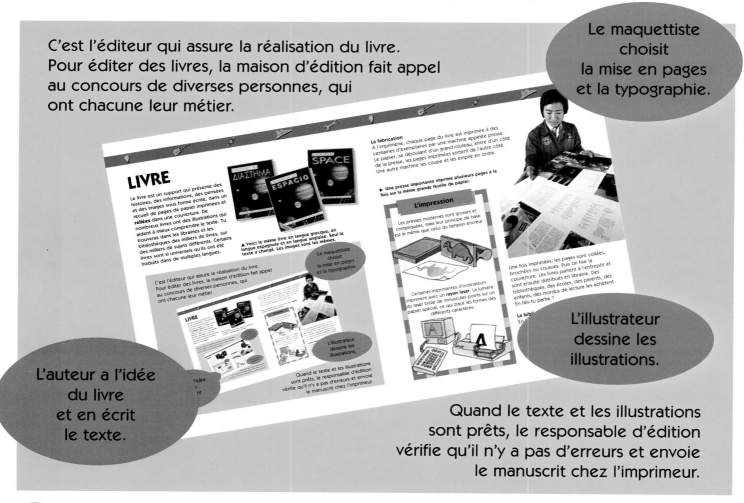

L'illustrateur dessine les illustrations.

L'auteur a l'idée du livre et en écrit le texte.

Quand le texte et les illustrations sont prêts, le responsable d'édition vérifie qu'il n'y a pas d'erreurs et envoie le manuscrit chez l'imprimeur.

La fabrication

À l'imprimerie, chaque page du livre est imprimée à des centaines d'exemplaires par une machine appelée presse. Le papier, se déroulant d'un grand rouleau, entre d'un côté de la presse, les pages imprimées sortent de l'autre côté. Une autre machine les coupe et les empile en ordre.

▶ **Une presse importante imprime plusieurs pages à la fois sur la même grande feuille de papier.**

L'impression

Les presses modernes sont grosses et compliquées, mais leur principe de base est le même que celui du tampon encreur.

Certaines imprimantes d'ordinateurs impriment avec un **rayon laser**. La lumière du laser brûle de minuscules points sur un papier spécial, ce qui trace les formes des différents caractères.

Une fois imprimées, les pages sont collées, brochées ou cousues. Puis on fixe la couverture. Les livres partent à l'entrepôt et sont ensuite distribués en librairie. Des bibliothèques, des écoles, des parents, des enfants, des mordus de lecture les achètent. En fais-tu partie ?

La bibliothèque

En bibliothèque, les livres sont classés dans un ordre précis pour qu'on puisse trouver facilement le titre qu'on cherche. Une encyclopédie comme celle-ci est au rayon "dictionnaires et encyclopédies" des ouvrages pour la jeunesse.

PONT

Le pont est ce qui enjambe un obstacle que les piétons, les autos, les camions et les vélos ne pourraient pas franchir sans son aide. Les ponts enjambent des fleuves et des vallées, des routes et des voies de chemin de fer. Sur les voies à grande circulation, des entrelacs de ponts appelés échangeurs permettent aux routes et aux autoroutes de se raccorder sans aucun croisement à niveau : les **véhicules** qui se croisent ne sont pas à la même hauteur et n'ont pas besoin de s'arrêter.

Le plus long pont suspendu du monde enjambe un estuaire anglais, le Humber. 170 gros camions peuvent y tenir à la file.

incroyable

Trois formes de ponts

Il existe trois familles de ponts :

Le pont à poutre est bâti sur le principe de la planche qu'on appuie sur les berges du ruisseau. Il exerce une poussée vers le bas. Quand il est long, il est soutenu par des piles.

Le pont en arc résiste à de très lourdes charges. Il exerce une poussée latérale sur les rives. Jadis construit en pierre, comme le Pont-Neuf, il est aujourd'hui en métal ou en béton. Le viaduc est un pont de plusieurs arches et de grande longueur.

Le pont suspendu, plus léger, est le seul à pouvoir franchir d'une seule portée plusieurs kilomètres. Il est soutenu par des câbles portés par des pylônes et ancrés sur des blocs extérieurs, sur lesquels ils exercent une traction. Quand les vents sont très forts, un pont suspendu se balance. Il peut même parfois rompre.

▶ **Les premiers ponts étaient faits de matériaux naturels. Celui-ci est un entrelacs de racines tressées.**

Le pont est un ouvrage d'art qui relève du génie civil. C'est l'**ingénieur** qui détermine où le pont doit être construit et quel type de pont il faut faire. L'ingénieur fait aussi le choix des **matériaux** de construction. Aujourd'hui, les grands ponts sont en acier ou en béton armé. On commence généralement par ancrer et installer les deux extrémités du pont. Ensuite on continue vers le milieu.

BÂTIMENT

Un bâtiment est une construction qui comporte des murs solides et un toit. Les écoles, les maisons, les immeubles, les supermarchés, les usines sont des bâtiments. Cela va de la chaumière au gratte-ciel. Pour construire un bâtiment, il faut de nombreux ouvriers et plusieurs corps de métier. Mais tous ne travaillent pas en même temps. Le chantier s'effectue en plusieurs étapes.

Une maison neuve

❶ L'architecte dessine les plans que les maçons devront suivre.

❹ Les maçons creusent à la pelleteuses les tranchées de fondation qui vont arrimer la maison dans le sol. Ils remplissent ces tranchées de béton.

❸ On creuse des tranchées pour les conduites de gaz et d'électricité, et pour les câbles électriques.

❷ Un camion-benne livre sur le chantier le gravier, le ciment et le sable qui serviront à faire le béton.

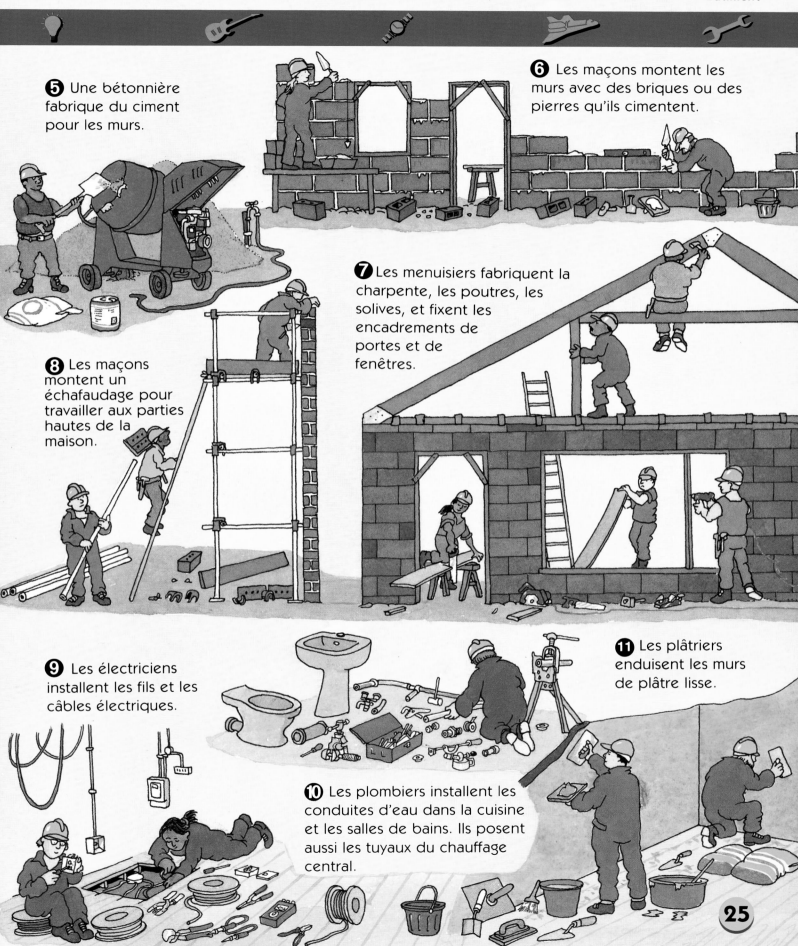

❺ Une bétonnière fabrique du ciment pour les murs.

❻ Les maçons montent les murs avec des briques ou des pierres qu'ils cimentent.

❼ Les menuisiers fabriquent la charpente, les poutres, les solives, et fixent les encadrements de portes et de fenêtres.

❽ Les maçons montent un échafaudage pour travailler aux parties hautes de la maison.

❾ Les électriciens installent les fils et les câbles électriques.

❿ Les plombiers installent les conduites d'eau dans la cuisine et les salles de bains. Ils posent aussi les tuyaux du chauffage central.

⓫ Les plâtriers enduisent les murs de plâtre lisse.

25

AUTOCAR
ET AUTOBUS

L'autocar est un long **véhicule** routier qui dispose d'un moteur **puissant** et de places assises pour des passagers. L'autobus n'est pas différent de l'autocar, mais il circule plutôt en ville, ou entre les villes et leurs banlieues. L'autocar, lui, va plutôt de ville en ville, ou de la ville à la campagne. C'est un excellent moyen de transport, bon marché, qui rend service à tous ceux qui n'ont pas d'auto et qui habitent loin d'une gare ou d'une ligne de métro. Comme tous les transports en commun, l'autobus et l'autocar contribuent à désengorger la circulation.

▲ Dans les grandes villes, beaucoup de gens prennent le tram ou le bus pour aller à leur travail. En Grande-Bretagne, il existe des autobus à deux étages.

L'autobus

La porte s'ouvre automatiquement à chaque arrêt. Parfois, l'ouverture des portes est commandée par le chauffeur.

On appuie sur le bouton pour signaler au chauffeur qu'on descend au prochain arrêt.

Pour ne pas rater le car

En ville, les autobus sont assez fréquents, mais ce n'est pas le cas des autocars routiers. Si tu ne veux pas attendre ton car pendant des heures ou le rater de quelques minutes, il faut te procurer les horaires.

Le chauffeur est en contact radio avec la tête de ligne.

▲ **Dans les pays pauvres, l'autocar est souvent le seul moyen de transport dont disposent les gens pour aller faire leurs courses.**

Dans les pays où les voitures individuelles sont rares et les routes mauvaises, l'autocar est vital. À la saison des pluies, c'est souvent le seul véhicule à pouvoir passer par les routes embourbées et à faire la liaison avec les villages éloignés. S'il n'y a pas assez d'autocars, les villageois s'entassent dans des camions.

La machine à tickets composte les tickets de bus vendus par le chauffeur.

Tramway

Certaines villes françaises comme Strasbourg ou Nantes ont remis le tramway en honneur. Le tramway marche à l'électricité : sur son toit, une longue perche métallique attrape l'électricité qui circule dans des câbles.

APPAREIL-PHOTO

L'appareil-photo est une **machine** qui sert à capter et à fixer des images. Les premiers appareils photographiques datent de 1830, et les premières photographies s'appelaient "daguerréotypes". Aujourd'hui, un appareil-photo de type courant tient dans la main et prend des clichés sur une pellicule de celluloïde. La caméra, elle, est un appareil de prise de vues plus complexe, qui prend plusieurs photographies à la seconde et te donne l'impression de voir bouger les images sur l'écran.

▶ Pour que l'appareil ne tremble pas quand il prend sa photo, le photographe le fixe sur un pied.

Pour prendre une photo

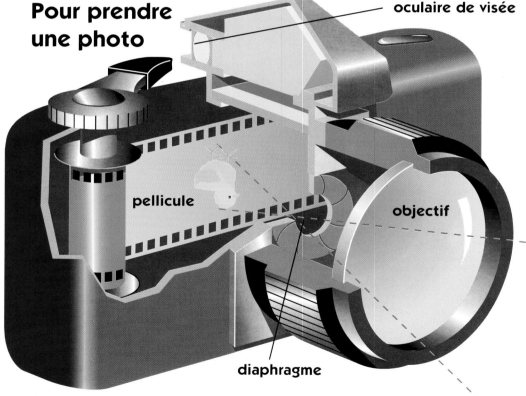

oculaire de visée

pellicule

objectif

diaphragme

❸ Quand la lumière atteint la couche chimique qui recouvre la pellicule, l'image s'y imprime.

❶ L'oculaire te permet de voir l'image que tu es en train de prendre.

❷ Quand tu appuies sur le déclencheur, un trou nommé diaphragme s'ouvre dans l'appareil et livre passage à la lumière. La lumière traverse l'**objectif** et imprime la pellicule.

Le sais-tu ?

Ton cerveau n'enregistre que 10 images par seconde. Mais ces images s'enchaînent entre elles.

La caméra la plus rapide du monde se trouve au Collège impérial de science et de technologie de Londres. Elle prend 33 000 millions d'images à la seconde.

Le plus grand négatif du monde a été fabriqué en Amérique en 1992 : il mesurait 7 mètres de long.

À quoi servent les photos ?

On prend des photos de famille pour garder des traces des lieux et des personnes que l'on aime. On publie des photos dans les journaux parce que les images sont parfois plus parlantes que les mots. Le travail des photographes est un témoignage. Il montre comment on vivait à telle époque, à tel endroit, ou pendant tel événement ou telle guerre.

❹ Au laboratoire, on plonge la pellicule dans un bain spécial qui "fixe" les images : le rouleau de pellicule se transforme en négatifs.

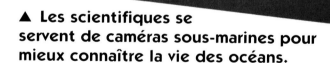

▲ **Les scientifiques se servent de caméras sous-marines pour mieux connaître la vie des océans.**

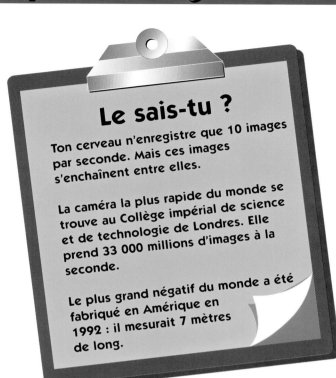

pellicule

photo

négatif

❺ On projette de la lumière à travers le négatif sur un papier sensible que l'on plonge ensuite dans un bain : la photo apparaît. Un seul négatif permet de tirer des centaines de photos.

Des images en mouvement

La caméra prend des images qui ont l'air de bouger. En fait, elle ne fait que photographier plusieurs images fixes par seconde. Comme le cerveau "voit" encore chaque image un instant après sa disparition, quand les images se succèdent rapidement sur l'écran, elles se chevauchent, se relient et donnent l'illusion du mouvement.

AUTOMOBILE

L'automobile est un **véhicule** routier qui marche avec quatre roues et un moteur. C'est le moyen de transport le plus populaire du monde. Pas besoin d'être à l'heure à la gare, ni d'attendre le bus, ni de charrier des valises en courant pour avoir sa correspondance, ni d'enregistrer ses bagages. Dans une auto, il y a de la place à la fois pour les passagers et pour leurs bagages.

Une berline "familiale"

Le volant fait tourner les roues avant.

L'allumage produit des explosions qui mettent le moteur en marche.

Le moteur à explosion

Une automobile classique tire son **énergie** de la combustion de l'essence à l'intérieur du moteur. Or l'essence brûle en explosant. La **force** des gaz qui se dilatent en explosant actionne des pistons, dont les mouvements se transmettent aux roues et les font tourner.

À l'aide du levier de vitesse on adapte la puissance du moteur aux besoins de la conduite : il ne faut pas la même puissance pour démarrer et pour doubler.

Frein à main et pédale de frein actionnent les tambours de frein.

Le pot d'échappement évacue les **gaz** brûlés du moteur.

Les tambours des freins frottent contre l'intérieur de la roue pour la ralentir.

Quelques progrès

Les gaz d'échappement sont sales, nauséabonds et polluants. Pour tenter de régler ce problème, les **ingénieurs** ont inventé un **filtre** qu'on place dans le conduit d'échappement. C'est le pot catalytique, qui nettoie les gaz avant leur sortie.

Avec la même réserve d'essence, une automobile moderne fait deux fois plus de kilomètres qu'une auto d'il y a vingt ans. Les autos d'aujourd'hui sont beaucoup plus légères qu'autrefois. Certaines même ne marchent plus à l'essence, mais à l'électricité, ou à d'autres **sources** d'énergie.

▲ **Pendant une course automobile, les mécaniciens doivent refaire le plein et changer les pneus en quelques secondes.**

Les clignotants avertissent les autres conducteurs que la voiture va tourner à droite ou à gauche.

Les phares avant éclairent la route quand on roule la nuit.

▼ **La voiture électrique est propre et silencieuse.**

Une auto sur mesure

Les ingénieurs inventent toutes sortes de modèles d'autos. L'auto de course est très rapide et a de superbes **formes aérodynamiques**, mais elle n'a qu'un siège, celui du pilote. La berline familiale va moins vite, mais elle est spacieuse, et elle consomme moins. La "tout-terrain" a un moteur très puissant et de gros pneus qui lui permettent de passer partout.

VILLE

La ville est une grande agglomération où vivent et travaillent des milliers ou des millions de gens. Pour faire face à un tel nombre de personnes, les villes ont besoin d'excellents équipements. Il leur faut énormément d'eau et d'électricité, des magasins, des écoles, etc. La vie urbaine est souvent agitée et bruyante, mais elle offre des milliers de choses intéressantes à faire.

Une ville aujourd'hui

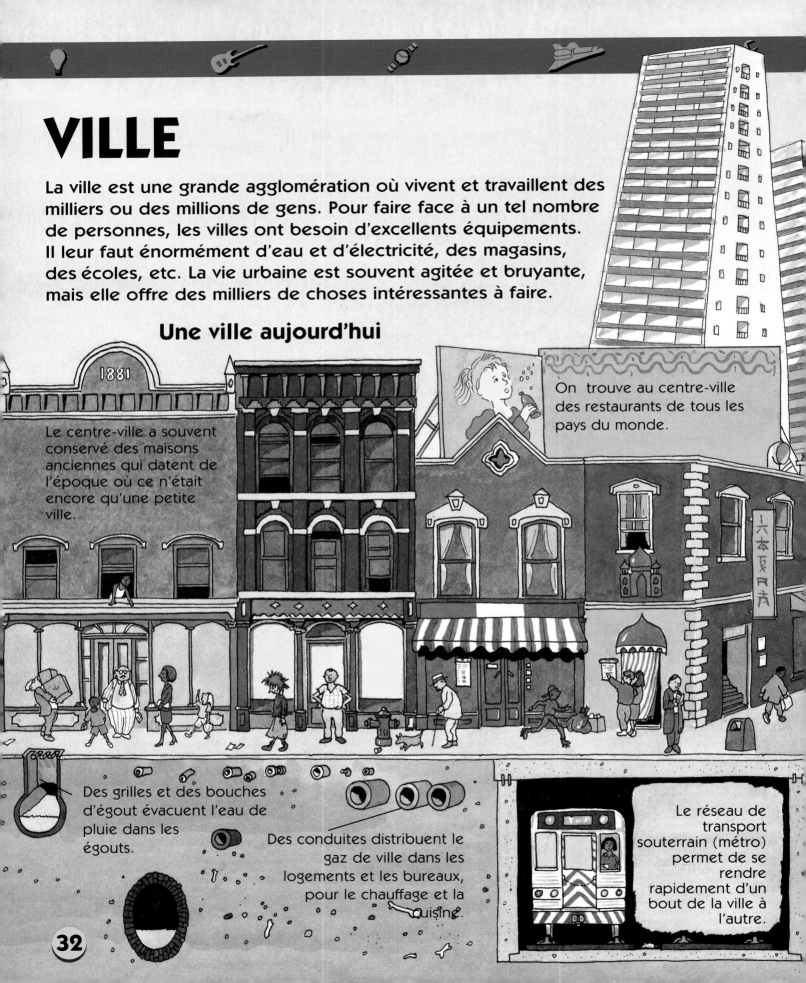

1881

Le centre-ville a souvent conservé des maisons anciennes qui datent de l'époque où ce n'était encore qu'une petite ville.

On trouve au centre-ville des restaurants de tous les pays du monde.

Des grilles et des bouches d'égout évacuent l'eau de pluie dans les égouts.

Des conduites distribuent le gaz de ville dans les logements et les bureaux, pour le chauffage et la cuisine.

Le réseau de transport souterrain (métro) permet de se rendre rapidement d'un bout de la ville à l'autre.

32

Les musées font des expositions instructives sur toutes sortes de sujets.

En ville le terrain vaut cher. Les immeubles modernes sont hauts et étroits pour ne pas occuper trop de terrain.

Beaucoup de gens vivent en banlieue. Le centre-ville est à portée de voiture.

Les théâtres proposent des spectacles.

Les fils téléphoniques relient tous les téléphones de la ville au réseau national.

Les bus et les trams dégongestionnent la circulation.

Les passages souterrains permettent aux piétons de traverser sans danger.

Les conduites d'eau distribuent l'eau potable.

Les conduites d'égout recueillent les eaux sales, ou eaux usées.

Les câbles électriques distribuent l'électricité en ville.

33

HORLOGE

L'horloge mesure l'écoulement du temps et indique l'heure qu'il est. Les horloges classiques indiquent l'heure à l'aide de deux aiguilles qui tournent devant un cadran. Les horloges numériques (ou digitales), elles, affichent l'heure directement.
C'est celles que tu vois sur un four ou sur un magnétoscope. Si les montres et les horloges n'existaient pas, tu aurais bien du mal à être à l'heure à l'école ou au cinéma, et tu raterais tes rendez-vous avec tes amis.

Les fuseaux horaires

Le Soleil n'éclaire qu'une moitié de la Terre à la fois. Quand il est midi à Paris, il est minuit en Nouvelle-Zélande. Sur tous les points du globe, les horloges sont réglées pour indiquer midi à l'heure où le soleil culmine. Mais, pour que les changements d'heure ne soient pas trop compliqués, on a divisé la surface du globe en vingt-quatre fuseaux horaires : tous les points de chaque fuseau ont la même heure.

▼ **Ces horloges indiquent l'heure qu'il est dans différentes parties du monde quand il est midi à New York.**

9 heures du matin
à Los Angeles

5 heures de l'après-midi
à Londres

10 heures du soir
à Calcutta

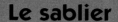

Le sablier

Autrefois, on mesurait le temps à l'aide de sabliers. On faisait couler du sable à l'intérieur de deux récipients de verre superposés communiquant par un étroit conduit. Le sable mettait une heure à s'écouler entièrement. Ensuite, on retournait le sablier.

Aujourd'hui, on a des sabliers de cuisine pour mesurer le temps de cuisson des œufs à la coque. Leur sable s'écoule en trois minutes et demie.

▶ **Les Romains ne connaissaient pas les chiffres : ils écrivaient en lettres les valeurs numériques. Beaucoup d'horloges ont encore des chiffres romains.**

2 heures du matin à Tokyo : la date a également changé

ORDINATEUR

L'ordinateur est une **machine** électronique qui fonctionne à la manière d'un cerveau. Il enregistre une somme d'informations fantastique, et il en fait le tri bien plus vite qu'un cerveau humain ne le pourrait. Mais un ordinateur n'a aucune idée par lui-même. Il ne fait qu'exécuter des ordres.

Le micro-ordinateur

Les micro-ordinateurs, ou ordinateurs personnels, sont conçus pour un seul utilisateur. Ce sont eux qui équipent la plupart des bureaux, des écoles, et qu'on a chez soi.

L'écran affiche les informations qui sont en mémoire dans l'ordinateur.

◄ **Certains ordinateurs ont une petite machine à capter les images qu'on appelle scanner. Ici, l'ordinateur a saisi au scanner une carte de géographie et l'affiche sur l'écran.**

On "entre" les informations dans l'ordinateur en se servant du clavier.

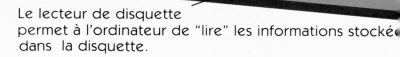

Le lecteur de disquette permet à l'ordinateur de "lire" les informations stockée dans la disquette.

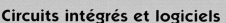

Circuits intégrés et logiciels

L'ordinateur comprend deux parties : un matériel, constitué de circuits électroniques intégrés (c'est la "quincaillerie" ou "hardware"), et des logiciels (le "software"), qui exploitent le matériel. Le disque dur, l'écran, le clavier et l'imprimante font partie du matériel. Mais ils ne peuvent pas marcher sans les instructions fournies par les logiciels.

Deux usages parmi d'autres

Pour inventer une nouvelle auto, on se sert de l'ordinateur : les **ingénieurs** qui travaillent au nouveau modèle le perfectionnent par petites touches et testent sur l'écran le résultat de leurs idées, sans avoir à construire à chaque fois une maquette ou un prototype.

Quand elle trouve des empreintes digitales sur les lieux d'un crime, la police les relève et communique leur image à un ordinateur central qui a des milliers d'empreintes digitales en mémoire. Si l'ordinateur a déjà vu ces empreintes, il les reconnaît en un clin d'œil. La police sait alors qui était sur les lieux du crime.

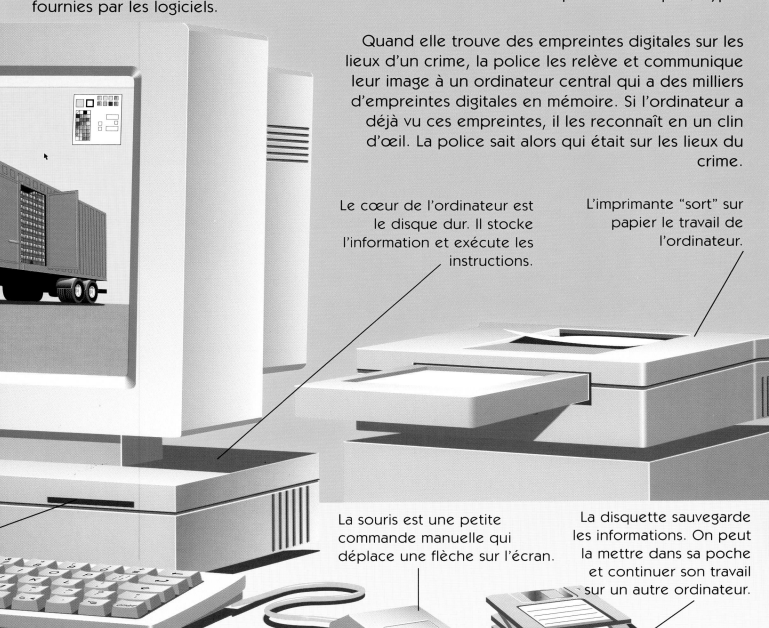

Le cœur de l'ordinateur est le disque dur. Il stocke l'information et exécute les instructions.

L'imprimante "sort" sur papier le travail de l'ordinateur.

La souris est une petite commande manuelle qui déplace une flèche sur l'écran.

La disquette sauvegarde les informations. On peut la mettre dans sa poche et continuer son travail sur un autre ordinateur.

37

ÉLECTRICITÉ

L'électricité est une manière de faire circuler l'**énergie**. Tu ne vois pas l'électricité, mais tu vois ses effets. Elle te donne de la lumière, de la chaleur, et elle fait tourner des machines. Elle est toujours en mouvement, et elle a besoin d'être transformée pour être utilisée. La **machine** ou l'appareil qui la reçoit va donc convertir l'énergie électrique en un autre type d'énergie : le four la transforme en chaleur, l'aspirateur en mouvement mécanique, etc. L'électricité est puissante, mais parfois très dangereuse. Sois prudent quand tu t'en sers.

Le courant électrique

❶ On produit l'électricité dans de grandes **centrales électriques**. Une centrale thermique fait brûler du charbon, du pétrole ou du gaz sous une grosse chaudière d'eau. Cela fait de la vapeur. La vapeur actionne ensuite une turbine dont l'énergie est aussitôt convertie en électricité par un **générateur.**

❷ Le générateur envoie le courant électrique dans de gros câbles portés par des pylônes. Ce sont les lignes à haute tension, qui transportent l'électricité vers les villes et les agglomérations.

Le transport de l'électricité se fait dans des fils ou des câbles. Ces fils sont métalliques, car le métal conduit l'électricité, alors que des **matériaux** comme le plastique, le caoutchouc et le bois ne sont pas conducteurs. Les fils électriques sont gainés de plastique ou de caoutchouc isolant pour qu'on puisse les manier sans danger. Le transport de l'électricité s'appelle courant électrique.

◀ L'électricité illumine la nuit des villes.

D'autres sources d'électricité

Toutes les centrales électriques ne sont pas des centrales thermiques. On produit aussi de l'électricité avec de l'**énergie nucléaire,** ou avec des énergies naturelles comme la chaleur du Soleil, la force des chutes d'eau, des marées ou du vent. Les énergies naturelles sont inépuisables et respectent l'environnement.

❸ Le transformateur convertit le courant à haute tension en courant moins puissant et le distribue à des câbles électriques souterrains qui forment tout un réseau sous la ville. Un branchement entre dans chaque maison, et l'alimente en électricité.

▲ L'éolienne transforme la force du vent en électricité.

L'ÉLECTRICITÉ EST DANGEREUSE.
ATTENTION, TON CORPS CONDUIT L'ÉLECTRICITÉ.
SI TU TOUCHES UN FIL ÉLECTRIQUE DÉNUDÉ OU SI TU METS LES DOIGTS DANS UNE PRISE SANS QUE LE COURANT SOIT COUPÉ, TU REÇOIS UNE DÉCHARGE QUI PEUT T'ÉLECTROCUTER.
CELA PEUT ÊTRE MORTEL.

USINE

L'usine est le **bâtiment** où se fabriquent la plupart des produits que nous achetons : les voitures, les vêtements, les machines à laver sont fabriqués en série en usine. L'usine achète de grandes quantités de **matières premières**, au prix le plus bas possible, et les transforme en produits finis. Pour cela, elle a des **machines**, qui sont manœuvrées par des ouvriers, ou qui sont des robots. La **fabrication en série** coûte bien moins cher que la fabrication artisanale. C'est pourquoi aujourd'hui peu d'objets sont faits à la main.

Dans l'usine de vélos

❶ On livre à l'usine des tubes métalliques.

❻ Des machines nettoient et peignent le cadre.

❼ Les parties délicates du cadre sont finies à la main.

❽ Les petites pièces du vélo, comme les freins et le changement de vitesse, sont rangées à l'atelier.

❾ Les petites pièces sont fixées au cadre une par une.

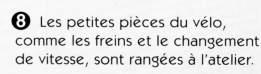

40

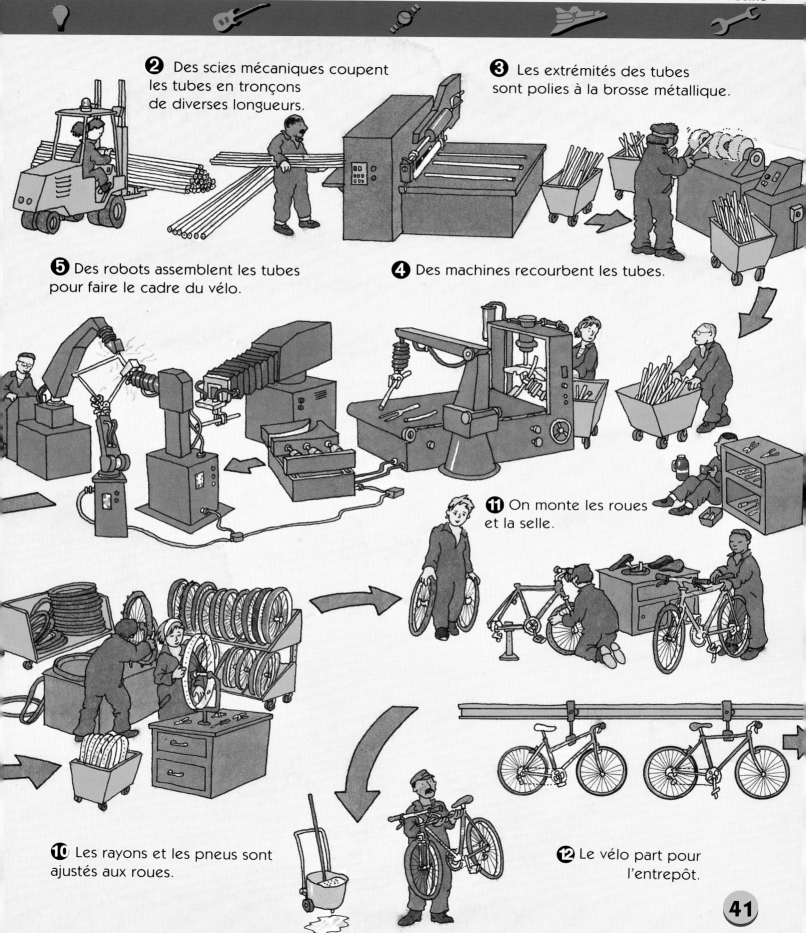

❷ Des scies mécaniques coupent les tubes en tronçons de diverses longueurs.

❸ Les extrémités des tubes sont polies à la brosse métallique.

❺ Des robots assemblent les tubes pour faire le cadre du vélo.

❹ Des machines recourbent les tubes.

⓫ On monte les roues et la selle.

❿ Les rayons et les pneus sont ajustés aux roues.

⓬ Le vélo part pour l'entrepôt.

FEU

Le feu est la flamme étincelante et brûlante qui s'élève d'un objet qui se consume. Il dégage de la chaleur et de la lumière, et de la fumée. Si tu t'es déjà tenu près d'un feu de camp la nuit, tu sais à quel point le feu est chaleureux et réconfortant. Les premiers hommes ont découvert le feu il y a deux millions d'années. Ils se sont aperçus que deux silex frottés l'un contre l'autre produisaient une étincelle, et que cette étincelle en tombant mettait le feu aux herbes sèches. Pour qu'un feu ne meure pas, il faut l'alimenter en **combustible**, bois ou charbon, et en air.

▲ Quand l'air est chauffé par la flamme, il s'élève. C'est le principe de la montgolfière.

La cuisson des aliments

La maîtrise du feu a été pour l'homme un incroyable progrès. Il a pu se chauffer, se protéger des animaux sauvages et cuire ses aliments. La cuisine est devenue un art. Les ragoûts se mijotent à feu doux, mais la viande rouge doit être saisie à four brûlant.

Le feu et l'industrie

Avec le feu, l'homme a inventé le four du potier et a pu faire durcir ses récipients d'argile et ses briques de terre en les faisant cuire. Il a inventé la forge et la métallurgie. Quand le fer chauffe dans la flamme, il devient rouge et mou : le forgeron le martelait pour en faire des outils. Le haut-fourneau des aciéries est un énorme four qui transforme le minerai de fer en acier : une impressionnante coulée rouge en jaillit.

▲ Quand elles s'embrasent, les fusées de feu d'artifice sont quarante fois plus chaudes que la vapeur d'eau d'une bouilloire.

Au feu !

Le feu fait aussi des ravages. Pour lutter contre les incendies, des équipes de pompiers volontaires bien entraînés secondent les pompiers de métier. Pour se protéger de la fumée et des flammes, les pompiers ont des équipements spéciaux. Ils portent un masque respiratoire qui leur permet de ne pas s'emplir les poumons de fumée. Sans masque, ils seraient asphyxiés.

VERRE

Le verre est une **matière** dure, cassante et transparente. Il peut prendre toutes les formes, bouteille, verre, vase, objet décoratif, ou être parfaitement plat. On fabrique le verre à partir de sable de calcaire, et d'un matériau qu'on appelle carbonate de sodium et qu'on extrait du sol.

Le verre n'est pas un matériau nouveau comme le plastique. Il a été inventé il y a des milliers d'années. Aujourd'hui, on le fabrique dans des usines appelées verreries.

Comment fabrique-t-on les bouteilles ?

❶ Du sable, de la chaux et du carbonate de sodium sont broyés, mélangés et fondus dans un four très chaud.

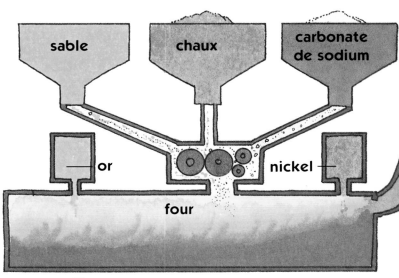

❷ Pour obtenir du verre de couleur, on ajoute certains métaux. Le nickel teinte le verre en jaune, l'or le colore en rouge.

▲ Ce rouleau, ou laminoir, aplatit le verre fondu pour en faire une feuille. On fait ensuite flotter cette feuille sur un bain d'étain fondu qui la rend parfaitement plane : c'est la technique du flottage. Les vitres sont en verre flotté.

Le sais-tu ?

Du verre se forme parfois quand la foudre tombe sur une plage. La chaleur de la foudre fait fondre le sable et les autres minéraux, qui se mélangent.

Le cristal est du verre qu'on a fait fondre avec du plomb. Il est plus limpide et plus étincelant que le verre ordinaire.

Le filament de **fibre de verre** est plus fin qu'un cheveu.

▶ **Le verre se brise ou se fêle quand il reçoit un coup. Le verre cassé a des bords coupants : demande toujours à un adulte de retirer les débris de verre.**

❸ Le verre en fusion est versé par un tube dans des moules de fer qui défilent sur un tapis roulant.

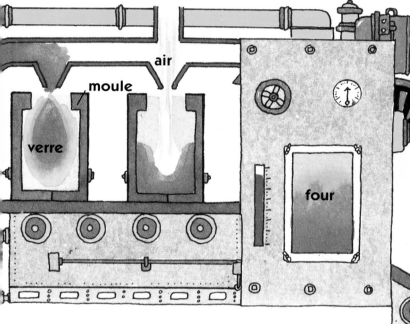

air

moule

verre

four

❹ On envoie un jet d'air dans le moule pour que le verre refroidisse en prenant la forme du moule.

la bouteille refroidit

La réutilisation du verre

Parfois, le lait et les boissons sont vendus en bouteilles de verre consignées. On lave les bouteilles, on les rend, et elles resservent des milliers de fois. Cela économise la fabrication d'autres bouteilles et cela produit moins de déchets.

Si une bouteille ne te sert plus à rien, tu peux la **recycler.** Tu déposes tes vieilles bouteilles dans un conteneur spécial. Elles seront ensuite ramassées, nettoyées, concassées et fondues, et on en fera de nouveaux flacons ou bocaux.

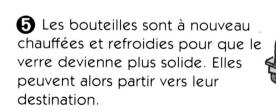

❺ Les bouteilles sont à nouveau chauffées et refroidies pour que le verre devienne plus solide. Elles peuvent alors partir vers leur destination.

Le souffleur de verre

Avant l'invention des **machines**, on fabriquait les bouteilles en soufflant de l'air par un long tube à l'intérieur d'une boule de verre fondu. Aujourd'hui, seule la verrerie de luxe se fabrique encore de cette manière.

45

GUITARE

La guitare est un instrument de musique à cordes. Son corps est une caisse de résonance creuse construite en bois léger, pin ou noyer, et percée d'une ouverture pour le son qu'on appelle une rosace. Six cordes de nylon ou d'acier sont tendues sur toute la longueur de la guitare. En haut du manche, elles s'enroulent à des chevilles. Le musicien commence toujours par accorder sa guitare : il fait tourner les chevilles pour tendre les cordes jusqu'à ce qu'elles rendent un son juste. Ensuite, il tire les sons de l'instrument en pinçant ou en grattant les cordes.

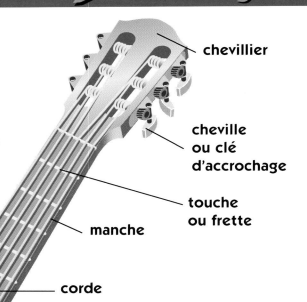

chevillier

cheville ou clé d'accrochage

touche ou frette

manche

corde

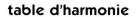

table d'harmonie

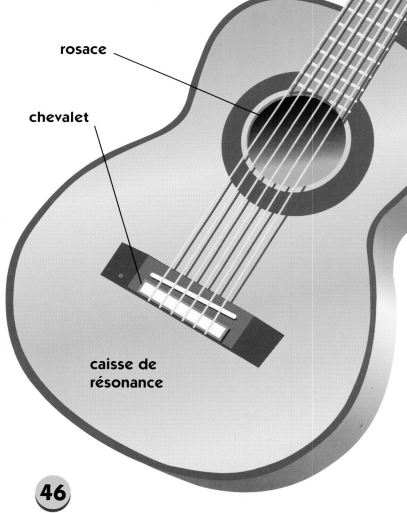

rosace

chevalet

caisse de résonance

La vibration de la corde

❶ Si tu pinces une corde de guitare, elle se met à vibrer.

❷ La vibration de la corde ébranle l'air. Cet ébranlement est perçu par ton oreille comme un son.

❸ Le volume d'air de la caisse de résonance vibre au diapason de la corde et amplifie le son.

❹ Si tu appuies la corde contre une touche, cela la raccourcit : sa vibration se modifie et sa note devient plus haute.

La guitare électrique

La guitare électrique est en matériau plein, ou massif, et n'a pas de rosace. Quand tu pinces ses cordes, tu envoies des signaux électriques à un amplificateur. Une fois amplifiés, ces signaux passent par un haut-parleur qui les convertit en sons.

46

▲ La guitare électrique est plus puissante que la guitare sèche et produit une plus grande variété de sons.

incroyable

La plus grande guitare du monde a été fabriquée dans l'Indiana en 1991. Elle a plus de 11 mètres de long (la longueur de deux limousines) et il faut être 6 pour pouvoir en jouer.

47

CUISINE

▼ Ce chef-cuisinier d'un grand restaurant dispose d'une belle batterie de cuisine.

La cuisine est la pièce où on entrepose les aliments, où on les fait cuire, où on lave la vaisselle, et où on range toutes sortes d'ustensiles de cuisson et de vaisselle : des marmites, des poêles, des casseroles, des couverts, des bols et des assiettes.

Le sais-tu ?

La première boîte de conserve étanche a été inventée en 1810, mais on n'a fabriqué le premier ouvre-boîte que quarante ans plus tard.

Au Musée de l'alimentation, en Suisse, on peut voir un petit gâteau de miel et de sésame dont on pense qu'il a 4 200 ans environ. Il était enfermé dans une boîte à l'abri de l'air à l'intérieur d'une tombe égyptienne.

La conservation des aliments

On ne doit pas conserver d'aliments frais plus de quelques jours. Après une semaine ou deux de contact avec l'air, une pomme verte fraîchement cueillie se tache et commence à pourrir.

Les aliments séchés comme les raisins secs se conservent des mois. Dans l'espace, les astronautes se nourrissent d'aliments séchés et réduits en poudre, auxquels ils ajoutent de l'eau au moment des repas.

 Les produits en conserve durent plusieurs années.

Les aliments se décomposent très vite quand il fait chaud. Au réfrigérateur, ils gardent leur fraîcheur quelques jours de plus qu'à température ambiante.

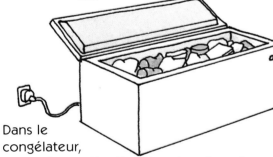

Dans le congélateur, toutes les parties liquides des aliments deviennent de la glace. Les produits congelés se conservent plus d'un an.

Une cuisine propre

La cuisine ou le coin-cuisson doivent toujours être propres. Leur nettoyage tue les **germes** qui s'installent et prolifèrent dans les endroits sales. Lave-toi bien les mains et passe les tomates à l'eau avant de les mettre en salade !

▶ **Tout le monde ne dispose pas d'une cuisine. Dans bien des pays, les gens ont des logements si exigus qu'ils font la cuisine dehors.**

LUMIÈRE

La lumière est l'**énergie** qui nous permet de voir. Les étoiles et les lampes donnent de la lumière, mais l'essentiel de la lumière sur Terre vient du Soleil. Les rayons solaires éclairent la surface de la Terre, même à travers les nuages. Sans le Soleil, la Terre serait plongée dans l'obscurité, et il n'y aurait ni hommes, ni plantes, ni animaux : aucune vie. Autrefois, l'homme utilisait des bougies et des lanternes pour s'éclairer la nuit. Aujourd'hui, nous nous éclairons à l'électricité. Les ampoules transforment en lumière l'énergie électrique qui leur est fournie par des lignes électriques ou par des batteries.

▼ La lumière solaire a l'air blanche, mais, quand un rayon de soleil passe à travers les gouttes de pluie, sa lumière se décompose et tu vois se déployer les sept couleurs de l'arc-en-ciel.

NE REGARDE JAMAIS LE SOLEIL EN FACE, MÊME AVEC DES LUNETTES DE SOLEIL. SA LUMIÈRE EST TROP FORTE. TU POURRAIS T'ABÎMER LES YEUX.

▶ **La nuit, les aérodromes sont balisés de lumières électriques qui aident l'avion à atterrir sans encombre.**

La nuit

La Terre tourne autour du Soleil, si bien qu'une moitié de la Terre est toujours privée de soleil ; c'est la nuit. Quand le Soleil disparaît, nous le remplaçons par des lampes, pour pouvoir continuer nos activités.

▼ La lumière du **rayon laser** est si **puissante** qu'elle transperce l'acier.

Les ombres

Les **rayons lumineux** traversent les matières transparentes ou translucides comme l'eau ou le verre, mais ils sont arrêtés par les corps opaques, entre autres le corps humain.

Ton corps arrête la lumière, et, derrière toi, une surface sombre se dessine. C'est ton ombre.

MÉTAL

Le métal est un **matériau** en général dur et brillant (c'est l'éclat "métallique"), qui se plie facilement à différentes formes. Le fer, l'acier, le cuivre, l'étain sont des métaux. On extrait la plupart des métaux des profondeurs du sol, où on les trouve sous forme de roches appelées minerais. Pour obtenir le métal, on broie le minerai et on le chauffe. C'est le cas du fer. Certains métaux comme l'or et l'argent existent à l'état natif, car ils ne se combinent pas facilement à d'autres substances. On les trouve tels quels dans le sol.

▼On trouve des paillettes d'or dans le sable de certaines rivières. L'"orpaillage" consiste à laver le sable pour séparer l'or, plus dense, des autres minéraux.

▲ Ce bloc d'or est une pépite extraite directement du sol.

La fonte des métaux
Quand on chauffe un métal, il devient mou et on peut lui donner la forme qu'on veut. Il redevient dur quand il refroidit.

◄ Cet ouvrier métallurgiste fait fondre à la flamme de sa lampe à souder l'extrémité des deux pièces métalliques qu'il veut raccorder : il fait une soudure.

Si on chauffe des métaux à très haute **température**, ils se liquéfient. Quand ils sont à l'état liquide, des métaux de nature différente peuvent se mélanger en une substance unique : cela s'appelle un alliage. L'acier est un mélange de fer et d'infimes quantités d'autres métaux. L'alliage présente des qualités que n'ont pas les métaux qui le composent. L'acier est beaucoup plus solide que le fer.

▶ **Pour pouvoir stocker les métaux, on les transforme en barres ou en lingots en les coulant dans des moules spéciaux.**

Le champion des métaux

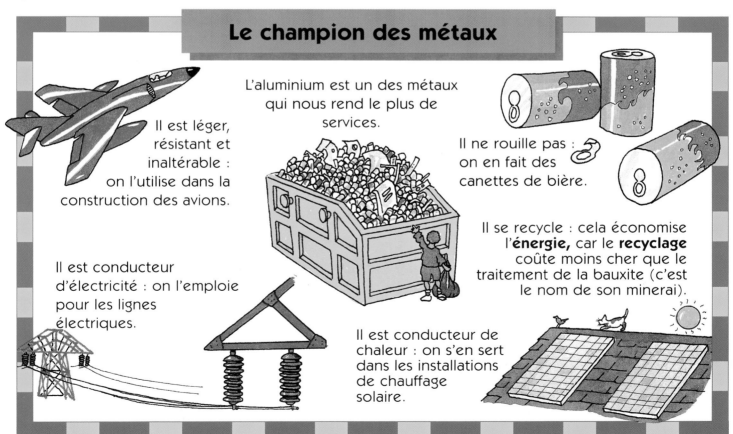

L'aluminium est un des métaux qui nous rend le plus de services.

Il est léger, résistant et inaltérable : on l'utilise dans la construction des avions.

Il ne rouille pas : on en fait des canettes de bière.

Il est conducteur d'électricité : on l'emploie pour les lignes électriques.

Il se recycle : cela économise l'**énergie,** car le **recyclage** coûte moins cher que le traitement de la bauxite (c'est le nom de son minerai).

Il est conducteur de chaleur : on s'en sert dans les installations de chauffage solaire.

53

ARGENT

On utilise l'argent pour payer ce qu'on achète. Tout le monde a besoin d'argent pour pouvoir se payer des services comme l'eau courante ou le chauffage, et pour se procurer des biens de consommation comme la nourriture et l'habillement. La plupart du temps, pour gagner de l'argent, il faut travailler. Pour le travail qu'on fournit, on est souvent payé sous forme de **salaire**.

Les monnaies nationales

Chaque pays du monde possède sa propre unité monétaire ou monnaie. Le franc, le mark, la livre, le dollar, le yen, sont des monnaies nationales. Quand on voyage à l'étranger, on doit généralement changer l'argent de son pays en la monnaie qui a cours dans le pays qu'on visite pour pouvoir faire des achats.

Le sais-tu ?

En Grande-Bretagne, les chèques ne se font pas obligatoirement sur papier. Un jour, un homme a libellé son chèque sur le dos d'une vache, et la banque a payé !

En 1986, une banque suisse a mis en service un distributeur de lingots et de louis d'or pour ses richissimes clients.

Les cartes de crédit

On utilise de plus en plus couramment les cartes de crédit pour régler ses achats. Elles sont en plastique. Un numéro codé est inscrit au dos de la carte bancaire, sur une bande métallique. Quand le client donne sa carte à la caisse, une machine "lit" ce numéro et se met en liaison avec l'ordinateur de sa banque. Le mois suivant, la banque fait payer au client ce qu'il a réglé avec sa carte.

incroyable

On peut ranger ses cartes de crédit dans un portefeuille dépliant. Le plus grand du monde contient 1 356 cartes : déplié du haut d'un immeuble de trente étages, il toucherait le sol.

▲ Presque partout dans le monde l'argent sert à se procurer ce dont on a besoin.

L'histoire de l'argent

Avant l'argent, il y avait le troc : on échangeait un bien contre un autre. Puis l'argent est apparu, sous forme de coquillages, de fèves, ou de perles.

Les premières pièces de monnaie étaient en or ou en argent, elles avaient donc de la valeur par elles-mêmes.

Aujourd'hui, les billets et les pièces ne sont plus en **matières** précieuses. Ils n'ont pas de valeur intrinsèque, mais ils équivalent à la somme qu'ils portent imprimée ou gravée.

La banque

Ce n'est pas forcément prudent de garder son argent sur soi ou de le ranger dans une tirelire. On peut le perdre ou se le faire voler. Généralement, on le confie donc à une banque. La banque garde cet argent et donne des chèques à son client pour qu'il puisse régler ses dépenses. Le compte de chaque client est enregistré et géré sur ordinateur.

▲ La banque a des coffres-forts en acier où l'argent de ses clients est en sécurité.

FILM

Le film est une histoire écrite en images et en sons qui défilent sur un écran. Tu peux voir des films de cinéma sur grand écran, et des téléfilms sur petit écran. La réalisation d'un film commence presque toujours par un scénario écrit qui raconte une histoire avec des personnages. Ensuite, on choisit des acteurs pour incarner ces personnages. Certains films sont très spectaculaires. À l'aide d'effets spéciaux, on peut faire parler des animaux sur l'écran, montrer la vie des dinosaures, ou te faire partager les aventures d'un Martien.

La réalisation du film

Les films sont produits par des maisons de production. Ils coûtent parfois des sommes vertigineuses. Le producteur engage des centaines de personnes pour collaborer à son film.

❸ Une bonne partie du film est tournée en **studio**. Les décorateurs de cinéma ont l'art de métamorphoser un studio en paysage de la planète Mars ou en désert du Far-West.

❶ Le réalisateur dirige le film. C'est de lui que dépendent le style du film et l'interprétation des acteurs.

❷ Les acteurs apprennent leur texte par cœur, et répètent avant le tournage.

Le dessin animé

Un dessin animé est fait de millions de dessins qu'on filme chacun pendant une fraction de seconde.

Chaque dessin est légèrement différent du précédent. Quand ces images défilent, on les voit bouger sur l'écran.

❹ Les cascadeurs jouent les scènes dangereuses prévues par le scénario. Ils s'exercent avant le tournage.

❺ L'ingénieur d'image règle l'éclairage du plateau, l'ingénieur du son enregistre la bande son. Le caméraman est derrière la caméra.

❻ Après le tournage, le monteur sélectionne les images, les coupe, les colle, les compose, et obtient le film désiré.

▶ Avec une caméra ou un caméscope, tu peux tourner tes propres films.

MUSÉE

Le musée est un édifice où sont conservées et exposées des collections d'objets de grand intérêt, parfois exceptionnels, parfois très beaux et parfois très anciens, pour que le public puisse les voir. Chaque musée a son propre type de collections. Certains exposent des œuvres d'art, comme le Louvre, d'autres des outils et des machines, comme le Musée de l'automobile à Mulhouse ou le Musée des arts et métiers à Paris, d'autres des objets venus du passé ou de **civilisations** différentes, comme le Musée de l'homme. Il existe même un Musée du jouet.

Un musée des arts et techniques

Cette salle invite le public à se familiariser avec le métier d'astronaute ou de pilote d'avion par des simulations.

Des visiteurs achètent un guide ou louent des écouteurs.

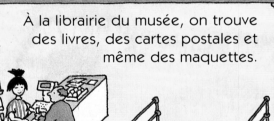

À la librairie du musée, on trouve des livres, des cartes postales et même des maquettes.

Un groupe suit une visite guidée.

Les visiteurs achètent leur billet d'entrée.

Il y a un atelier pour les enfants où les plus jeunes peuvent venir peindre et dessiner en s'inspirant des objets exposés.

58

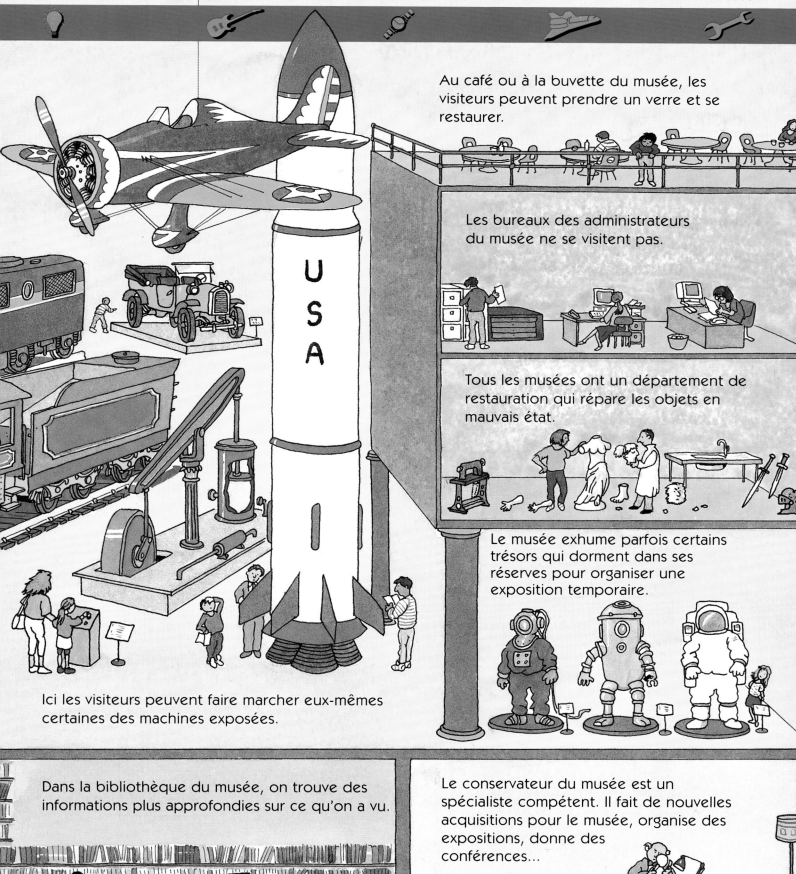

Au café ou à la buvette du musée, les visiteurs peuvent prendre un verre et se restaurer.

Les bureaux des administrateurs du musée ne se visitent pas.

Tous les musées ont un département de restauration qui répare les objets en mauvais état.

Le musée exhume parfois certains trésors qui dorment dans ses réserves pour organiser une exposition temporaire.

Ici les visiteurs peuvent faire marcher eux-mêmes certaines des machines exposées.

Dans la bibliothèque du musée, on trouve des informations plus approfondies sur ce qu'on a vu.

Le conservateur du musée est un spécialiste compétent. Il fait de nouvelles acquisitions pour le musée, organise des expositions, donne des conférences...

BUREAU

Le bureau est l'endroit où les gens conçoivent, organisent et dirigent un travail. C'est là que les choses se décident. Dans les bureaux modernes on dispose maintenant de toutes sortes de **machines** pour se faciliter la tâche. Toutes les entreprises ont des bureaux, de même que les hôpitaux, les commerces et les usines. Les écoles ont aussi des bureaux, pour l'administration. La où le secrétaire accueille les visiteurs dans l'établissement, répond aux appels téléphoniques pour le directeur de l'école et tape les lettres adressées aux parents et aux professeurs.

Les informations importantes, concernant notamment les élèves et les professeurs, sont classées dans des tiroirs à dossiers suspendus, et aussi dans l'ordinateur.

Le secrétariat d'une école

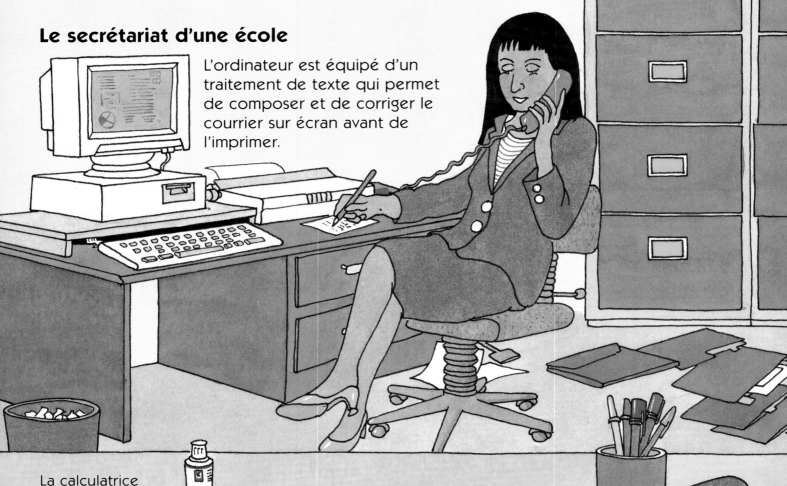

L'ordinateur est équipé d'un traitement de texte qui permet de composer et de corriger le courrier sur écran avant de l'imprimer.

La calculatrice permet d'effectuer des calculs rapides.

Le téléphone permet de parler sans se déplacer à des gens qui sont loin. Si un élève tombe malade, la secrétaire peut appeler sa famille.

La photocopieuse reproduit une page en quelques secondes. Certaines photocopieuses tirent 100 exemplaires en moins d'une minute.

Le fax (ou télécopieur) de l'école peut envoyer au fax de la librairie une commande de cahiers ou de livres, en quelques secondes.

Dans le répondeur, une bande magnétique enregistre le message des personnes qui téléphonent au secrétariat quand il est fermé.

PÉTROLE

Le pétrole est un épais liquide noirâtre qui gît dans les profondeurs de la Terre. Il vient de la décomposition d'organismes végétaux et animaux minuscules qui vivaient jadis dans la mer. Quand ces organismes sont morts, ils sont tombés au fond de l'eau et se sont enfoncés sous la vase. Au fil du temps, cette vase s'est transformée en roche lourde et compacte.

Cette roche a lentement comprimé les restes pourrissants des plantes et des animaux minuscules, et les a métamorphosés en cette poisseuse huile noire qu'on appelle le pétrole. Trouver le pétrole et l'extraire du sol n'est pas chose facile. Cela coûte cher. Mais cela vaut la peine car le pétrole nous est fort utile.

derrick

Le puits de pétrole

Le pétrole s'amasse dans des roches creuses profondément enfouies, appelées roches-réservoirs. Pour atteindre le gisement, la compagnie pétrolière fore un puits, à l'aide d'un trépan tenu par une tige. Pour que le trépan ne chauffe pas, on lui injecte de la boue par la tige de forage. Cette boue reflue ensuite à l'extérieur de la tige et emporte au passage la roche meuble : le puits s'élargit. Quand le forage a atteint la nappe, on tube le puits dans une conduite d'acier. Le pétrole monte à la surface par des tuyaux installés dans le tubage.

tige de forage

conduite de refoulement de la boue

boue et roche meuble

trépan

gaz

pétrole

eau

La raffinerie

Une fois le pétrole remonté, on l'envoie à la raffinerie par une grosse conduite nommée pipe-line, ou oléoduc. La raffinerie chauffe le pétrole pour séparer les huiles légères des huiles lourdes. Les huiles légères deviennent des **combustibles** pour chaudières ou des **carburants** pour moteurs. Les huiles lourdes deviennent des lubrifiants. D'autres huiles servent à faire des matières plastiques.

▶ **La vie est dure sur une plate-forme pétrolière en pleine mer. La plate-forme est si loin des côtes qu'on n'y accède qu'en hélicoptère.**

À quoi sert le pétrole ?

Il sert à faire de l'électricité. En chauffant une grande chaudière d'eau, il produit une grande masse de vapeur qui actionne un **générateur.**

L'asphalte des routes est à base de pétrole.

On en fait du nylon et divers textiles synthétiques.

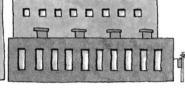

Les matières plastiques sont des dérivés du pétrole.

C'est la matière première de l'essence, du gazole, et de l'huile lubrifiante qui évite le frottement des pièces d'une **machine.**

Aujourd'hui, on est à la recherche de nouveaux matériaux pour tous ces objets, car les réserves de pétrole s'épuisent.

PLASTIQUE

Le plastique est une **matière** synthétique fabriquée en usine, qui peut se mouler et prendre toutes les formes. Les premières matières plastiques ont été fabriquées aux États-Unis il y a 90 ans. Le plastique est léger, solide, et souvent de couleurs vives. Il ne se casse pas facilement, et il ne **rouille** pas. Le plastique a souvent remplacé le métal ou le bois dans la fabrication des objets dont nous nous servons tous les jours.

▶ Le plastique se stocke sous forme de granules. À l'usine, on fait fondre ces granules et on verse la pâte dans des moules.

À quoi sert le plastique ?

Les plastiques durs servent à fabriquer des chaises, ou des casques de protection, par exemple.

Les plastiques mous font de bons rideaux de douche, ou des sacs-poubelle.

Les fibres synthétiques peuvent se marier à des fibres textiles naturelles : le tissu est plus solide.

Le plastique est lavable et assez peu cassable. On s'en sert pour faire des assiettes, des boîtes alimentaires, des couverts à pique-nique...

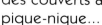

Le plastique ne craint ni la pluie, ni la neige : il fait de bonnes cabines téléphoniques.

Le recyclage du plastique

Le plastique est un dérivé du pétrole. Mais le pétrole coûte cher, et les réserves de pétrole menacent de s'épuiser. Une bonne manière d'économiser le pétrole est de **recycler** le plastique. Dans des centres de recyclage, on trie les différentes matières plastiques. Puis on les emporte à l'usine, on les fait fondre et on fabrique ainsi de nouveaux objets : des jardinières ou des poubelles, ou des cônes de signalisation...

▶ **Pour pouvoir les recycler, on trie les matières plastiques. Chaque type de plastique se recycle différemment.**

Le sais-tu ?

Le revêtement noir qui tapisse l'intérieur des poêles pour les empêcher d'attacher est une matière plastique résistante à la chaleur qui a été mise au point pour les vaisseaux spatiaux.

On appelle arts plastiques les arts qui produisent des volumes et des formes. Ce sont principalement la peinture et la sculpture.

Le mot "plastique" signifie "malléable".

La chirurgie et le plastique

Certains plastiques sont sans danger pour l'intérieur du corps humain. Quand quelqu'un se fait une mauvaise fracture, le chirurgien remet l'os en place avec des vis ou des pointes de plastique. Le fil qui sert à recoudre les plaies est un fil synthétique. Mais ce n'est pas la même matière synthétique que le plastique du cœur artificiel.

RADIO

La radio est un **appareil** qui capte et qui émet des signaux électriques venus des ondes radio. On ouvre sa radio pour écouter de la musique, des nouvelles, et toutes sortes d'émissions radiodiffusées par les diverses stations nationales ou locales. Les postes émetteurs-récepteurs permettent d'avoir des conversations avec des interlocuteurs éloignés. On s'en sert beaucoup à l'armée et dans les compagnies de chemin de fer, d'autocars, d'autobus et de taxis, pour que les diverses équipes soient en liaison les unes avec les autres.

▲ Ce commentateur sportif de la télévision porte un casque radio pour rester en contact avec le studio de télévision.

Une station de radio

Les radios envoient leurs messages sous forme de signaux invisibles appelés ondes radio. Ces signaux restent silencieux jusqu'à ce qu'ils atteignent une autre radio qui peut les convertir en sons.

❷ Les signaux électriques sont transmis par fil à un relais émetteur.

❶ À la station de radio, les journalistes et les animateurs travaillent dans un **studio**. Quand ils parlent, leur voix produit des vibrations dans l'air. Le microphone transforme ces vibrations en signaux, ou impulsions, électriques.

❸ L'émetteur transforme les signaux électriques en ondes radio. Ces ondes se propagent dans les airs sur des centaines de kilomètres.

❹ En moins d'une seconde, les ondes atteignent ton antenne de radio, qui les reconvertit en signaux électriques.

❺ Les signaux passent de l'antenne à ton poste de radio. Dans ton poste, le haut-parleur retransforme les signaux électriques en ondes acoustiques, c'est-à-dire en sons, que tes oreilles entendent.

Les liaisons radio

En mer, les navires sont en contact radio avec leur port d'attache. Dans l'Espace, les astronautes sont en contact radio avec la Terre. La radio permet de sauver des vies humaines. Les policiers ont des radios pour rester en liaison avec le commissariat et pouvoir demander du renfort en cas de besoin.

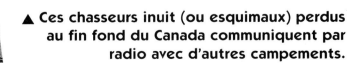

▲ Ces chasseurs inuit (ou esquimaux) perdus au fin fond du Canada communiquent par radio avec d'autres campements.

◀ Quand un athlète se blesse, l'équipe médicale demande aussitôt par radio une civière ou une ambulance.

ROBOT

Le robot est une **machine** qui peut remplacer l'homme pour certaines besognes. La plupart des robots sont commandés par ordinateur. Ils ressemblent souvent à des bras qui n'auraient pas de corps. On s'en sert principalement dans les usines qui produisent à la chaîne. Ils sont aussi très appréciables pour les tâches dangereuses : quand la police découvre une bombe, elle peut prendre un robot pour la désamorcer.

La construction automobile

Dans la construction automobile, on utilise des robots pour les tâches répétitives. Les autos se déplacent sur une chaîne roulante et passent entre deux rangées de robots.

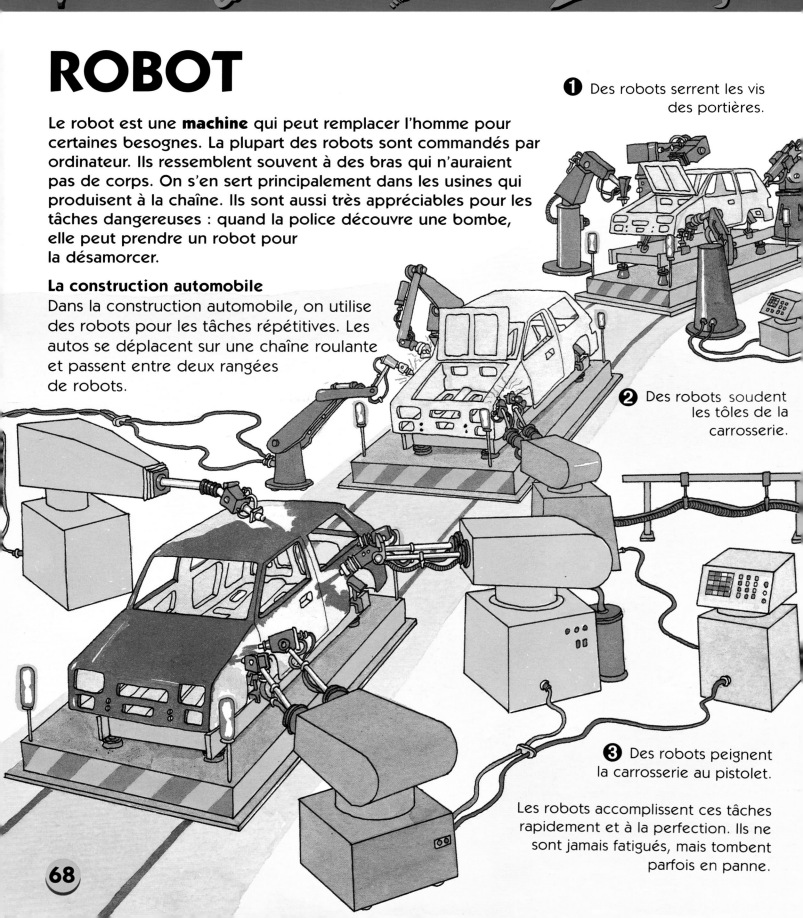

❶ Des robots serrent les vis des portières.

❷ Des robots soudent les tôles de la carrosserie.

❸ Des robots peignent la carrosserie au pistolet.

Les robots accomplissent ces tâches rapidement et à la perfection. Ils ne sont jamais fatigués, mais tombent parfois en panne.

Le sais-tu ?

Un robot tondeur de brebis existe en Australie. Il tond une brebis en 100 secondes. Il faut presque le double de temps à un homme.

Au Japon, certains sanctuaires shintoïstes n'ont pas assez de prêtres pour tous les pélerins. Des robots psalmodient les bénédictions à la place des prêtres.

▶ Certains robots ont à manipuler des objets petits et fragiles. Ici, on teste avec un œuf la "prise" d'une main de robot.

Sous la mer

En 1986, un robot nommé Jason Junior a permis d'explorer en détail l'épave du *Titanic*, qui s'était échouée dans l'Atlantique par 4 000 mètres de fond.

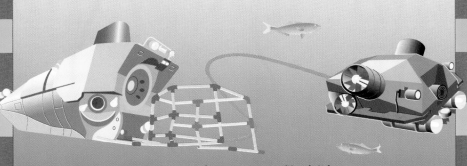

Jason Junior avait deux caméras qui ont filmé l'épave sous toutes ses coutures. Le robot était relié par un câble à un sous-marin. L'équipage du sous-marin commandait le robot par ordinateur.

▲ Ce robot fait la quête pour un centre canadien qui étudie les **ressources naturelles** des régions polaires.

69

MONTAGNES RUSSES

Les montagnes russes sont un manège de fête foraine où de petites voitures sont lancées sur un rail qui monte et qui descend en pentes vertigineuses. Parfois le rail effectue même un tour complet à la verticale, et la voiture fait un looping. Les voitures de montagnes russes marchent sans aucun moteur. Ce sont des **forces** physiques invisibles qui les propulsent, et les font accélérer ou bien ralentir.

La force de gravité
La force de **gravité**, ou attraction terrestre, attire tous les corps vers le centre de la Terre. C'est la force de gravité qui fait tomber à terre un objet que tu lâches. Tu ne la sens pas, mais c'est elle qui te maintient au sol et t'empêche de t'envoler.

Un bolide

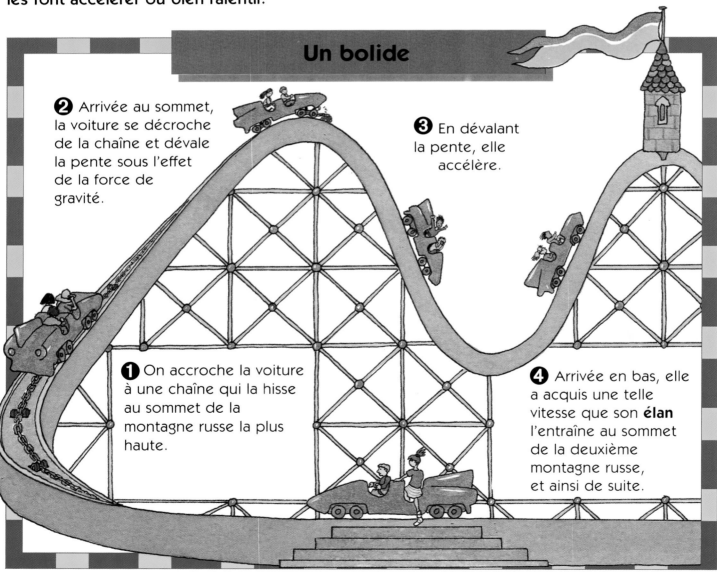

❷ Arrivée au sommet, la voiture se décroche de la chaîne et dévale la pente sous l'effet de la force de gravité.

❸ En dévalant la pente, elle accélère.

❶ On accroche la voiture à une chaîne qui la hisse au sommet de la montagne russe la plus haute.

❹ Arrivée en bas, elle a acquis une telle vitesse que son **élan** l'entraîne au sommet de la deuxième montagne russe, et ainsi de suite.

Quand la voiture fait un looping et que tu es la tête en bas, tu te sens plaqué sur ton siège. C'est parce que l'élan vers le haut que la vitesse t'a donné dans la montée continue de se faire sentir. Ton corps est encore un certain temps poussé vers le haut.

▼S'il a suffisamment de vitesse, le véhicule reste de lui-même collé au rail pendant son looping. Mais il y a toujours, en plus, un système de sécurité qui le retient au rail.

NAVETTE SPATIALE

La navette spatiale est un vaisseau qui effectue des allers et retours entre la Terre et l'Espace. Elle met des **satellites** en orbite et transporte des astronautes qui vont faire des expérimentations scientifiques dans l'Espace ou réparer des satellites abîmés. Elle se compose de deux parties : un habitacle en forme d'avion pour l'équipage et son chargement, et un lanceur qui comprend trois fusées principales, deux fusées d'appoint et un énorme réservoir de **combustible**. Les fusées de lancement sont récupérables et servent plusieurs fois, à la différence d'autres lanceurs comme Soyouz ou Ariane, qui ne servent qu'une fois.

Une mission spéciale

❹ De petits moteurs de manœuvre placent la navette en orbite.

❸ Neuf minutes plus tard, le réservoir de combustible est vide. Il se détache de la navette. Les fusées principales sont éteintes.

❶ Sur l'aire de lancement, c'est la mise à feu des fusées. La navette décolle.

❷ Deux minutes plus tard, les fusées d'appoint ont brûlé tout leur combustible. Elles se détachent et tombent dans la mer.

Les fusées d'appoint sont repêchées en mer.

❺ Pour revenir, la navette fait d'abord un demi-tour sur elle-même et freine en utilisant ses moteurs contre la direction du vol orbital. C'est la rétro-poussée.

❻ Ensuite, nez en avant, elle amorce la descente. Elle accélère, car l'attraction terrestre augmente.

❼ Elle entre dans l'atmosphère terrestre. Le frottement de l'air, ou **friction**, chauffe son fuselage et le fait rougeoyer.

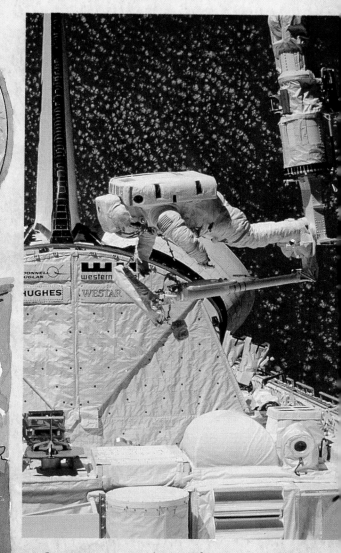

▲ Cet astronaute installé sur un bras de robot inspecte la cargaison dans la soute ouverte.

❽ La navette se rapproche du sol en planant, tous moteurs coupés, et atterrit sur une piste.

MAGASIN

Le magasin est un endroit où des marchandises sont en vente. Le supermarché vend de l'alimentation et des produits ménagers, la librairie vend des livres. Certains magasins vendent un seul type de produit, d'autres, comme les grands magasins, vendent de tout. Beaucoup de magasins sont en self-service. Cela veut dire que tu ne demandes pas à un vendeur de te servir, mais que tu te sers toi-même directement dans les rayons. Tu mets tes achats dans ton chariot et tu les paies à la caisse avant de sortir.

Dans un supermarché

Dans les bureaux, on s'occupe de l'embauche du personnel, de la paie, de la comptabilité, des commandes et des livraisons.

À la boulangerie du supermarché, on peut trouver du pain frais et de la pâtisserie du jour.

Les marchandises sont stockées dans l'entrepôt ou la réserve.

Le personnel fait la pause dans la salle de repos.

Des camions livrent : les chauffeurs déchargent les cartons dans l'aire de livraison.

74

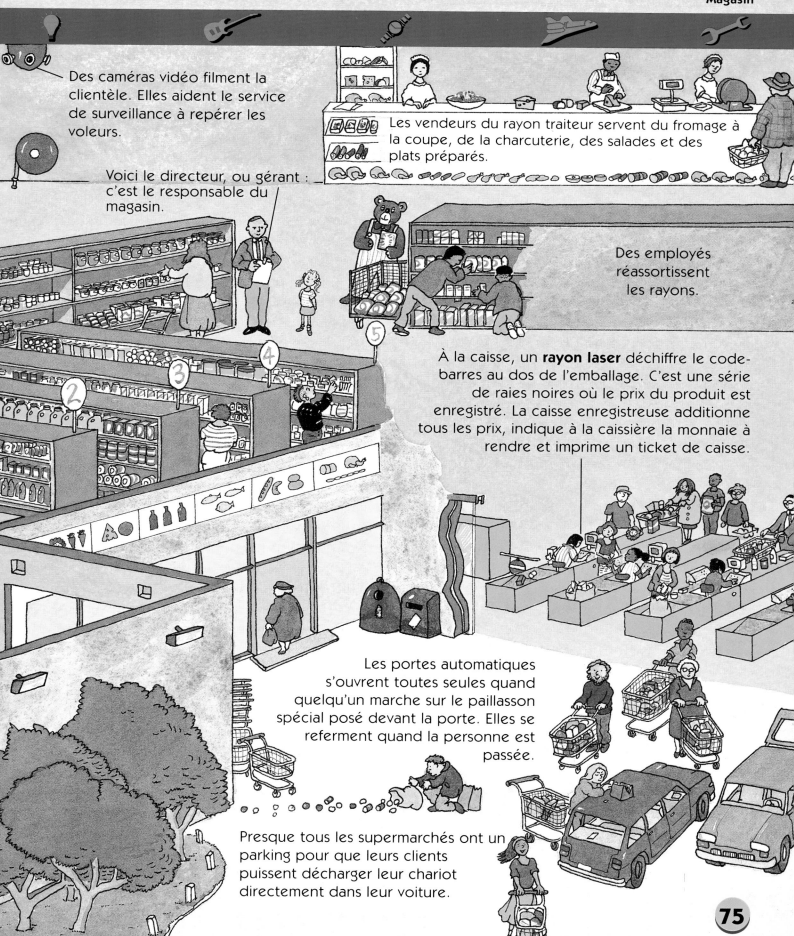

Des caméras vidéo filment la clientèle. Elles aident le service de surveillance à repérer les voleurs.

Les vendeurs du rayon traiteur servent du fromage à la coupe, de la charcuterie, des salades et des plats préparés.

Voici le directeur, ou gérant : c'est le responsable du magasin.

Des employés réassortissent les rayons.

À la caisse, un **rayon laser** déchiffre le code-barres au dos de l'emballage. C'est une série de raies noires où le prix du produit est enregistré. La caisse enregistreuse additionne tous les prix, indique à la caissière la monnaie à rendre et imprime un ticket de caisse.

Les portes automatiques s'ouvrent toutes seules quand quelqu'un marche sur le paillasson spécial posé devant la porte. Elles se referment quand la personne est passée.

Presque tous les supermarchés ont un parking pour que leurs clients puissent décharger leur chariot directement dans leur voiture.

75

TÉLÉPHONE

Le téléphone est un **appareil** qui permet de parler à des gens qui ne sont pas là. Tout seul, le son de ta voix ne porte pas très loin. Mais le téléphone transforme le son de ta voix en signaux qui sont transmis par des câbles électriques, ou des câbles de **fibres optiques**. En quelques secondes, ces signaux vont atteindre un autre téléphone, dans une autre rue, ou dans un autre pays. Il existe aussi des téléphones sans fil, qui marchent comme des postes de radio émetteurs-récepteurs. Ils transforment ta voix en ondes radio qui se propagent à travers les airs jusqu'à un autre téléphone.

Un appel à longue distance

❶ Quand tu appuies sur les touches du téléphone, les chiffres que tu composes sont convertis en signaux (ou impulsions) électriques.

❸ Cette station transforme les signaux lumineux en ondes radio, et, grâce à un puissant émetteur, les diffuse jusque dans l'Espace.

❷ Le téléphone transforme ces signaux électriques en signaux lumineux qui se propagent dans les fibres optiques du câble jusqu'à une station réceptrice-émettrice spéciale, appelée "station terrestre".

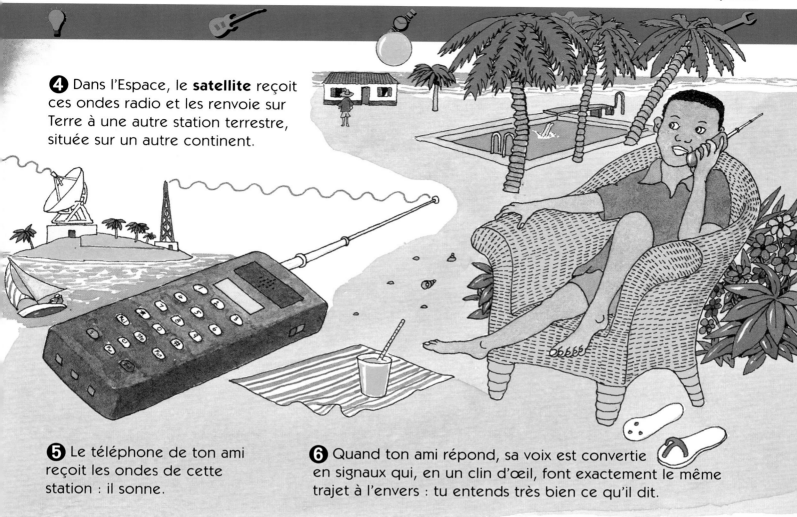

❹ Dans l'Espace, le **satellite** reçoit ces ondes radio et les renvoie sur Terre à une autre station terrestre, située sur un autre continent.

❺ Le téléphone de ton ami reçoit les ondes de cette station : il sonne.

❻ Quand ton ami répond, sa voix est convertie en signaux qui, en un clin d'œil, font exactement le même trajet à l'envers : tu entends très bien ce qu'il dit.

Les fibres optiques

Dans les fibres optiques, la lumière rebondit en zigzags d'un côté à l'autre du filament. Cela permet aux signaux lumineux de suivre un trajet courbe, ce que ne fait pas un rayon lumineux dans l'Espace. On utilise les fibres optiques pour le téléphone parce que la lumière va plus vite que l'électricité, et parce qu'un câble optique transporte plus de signaux qu'un fil électrique.

lumière

▲ Dans le câble, les fibres optiques ont l'épaisseur d'un cheveu. Elles sont en verre ou en matière plastique.

77

TÉLÉVISION

La télévision est un **appareil** qui transforme des ondes radio en images et en sons. Les images apparaissent sur un écran, les sons passent par un haut-parleur. Beaucoup de gens ont la télévision chez eux. Certains possèdent même plusieurs postes. Certaines personnes regardent la télévision toute la journée, d'autres n'ouvrent leur poste que pour les informations. Aujourd'hui, la télévision est le moyen d'information le plus courant pour avoir des nouvelles de ce qui se passe dans le monde.

Tout autour de la terre
Une chaîne de télévision a besoin d'un **satellite** spatial de télécommunications pour pouvoir **radiodiffuser** ses programmes sur d'autres continents. Elle envoie au satellite des ondes radio, et le satellite les renvoie de l'autre côté de la Terre. Tu peux ainsi, confortablement assis chez toi, assister à un événement qui se déroule très loin, les Jeux olympiques par exemple.

Une émission de télévision

❶ Au studio de télévision, les caméras convertissent les images qu'elles captent en signaux radio-électriques, et les micros convertissent les vibrations du son en signaux de son électriques.

❷ Ces signaux sont transmis par fil ou par câble à la station émettrice. L'émetteur transforme les signaux reçus en ondes radio, et fait rayonner ces ondes à travers les airs.

Le magnétoscope

Quand les ondes radio sont converties en signaux électriques, on peut les conserver sous forme codée sur une bande magnétique vidéo. Tu peux ainsi enregistrer au magnétoscope une émission qui passe à minuit et la regarder sur ton écran de télé le lendemain à midi.

▶ **Certaines caméras de télévision sont munies d'un écran de contrôle qui permet à l'opérateur de voir l'image qu'on est en train de diffuser.**

❺ En moins d'une seconde, ton antenne de télévision capte les ondes radio, et les retransforme en signaux électriques.

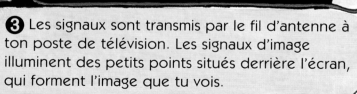

❸ Les signaux sont transmis par le fil d'antenne à ton poste de télévision. Les signaux d'image illuminent des petits points situés derrière l'écran, qui forment l'image que tu vois.

❹ Les signaux de son arrivent dans le haut-parleur où ils se transforment en sons.

TRACTEUR

Le tracteur est un **véhicule** qui a d'énormes roues et un puissant moteur **diesel**. Le tracteur a été inventé il y a une centaine d'années. Il a remplacé le cheval de trait. C'est lui maintenant qui tire les **machines** agricoles dont les paysans se servent pour cultiver la terre, labourer et semer par exemple. Le tracteur travaille plus vite qu'un animal de trait et il n'est jamais fatigué. En un jour, il retourne autant de terre qu'un cheval de labour en huit jours.

La force motrice

Le moteur de tracteur est plus gros et plus puissant que le moteur d'automobile, et pourtant plus économique. C'est un moteur diesel. Le diesel consomme moins de **carburant** que le moteur à explosion, et son carburant coûte moins cher que l'essence. Mais il est beaucoup plus polluant.

Le tuyau d'échappement expulse les gaz brûlés du moteur.

Les tambours de frein ralentissent les roues par **friction.**

La cabine haut perchée donne au conducteur une bonne visibilité.

Le volant fait tourner les roues avant.

Le moteur brûle du gazole et donne au tracteur sa **puissance**.

Les roues arrière donnent au tracteur une bonne prise sur la boue.

L'embrayage adapte la puissance du moteur à l'effort à fournir.

Un outil pour toutes les saisons

Le paysan attelle à son tracteur différentes machines agricoles suivant la saison.

À l'automne ou au printemps, il attelle la charrue, qui ameublit le sol, puis le semoir qui verse les graines dans les sillons et les recouvre de terre pour que les oiseaux ne les mangent pas.

Avant l'été, en général, le tracteur tire la sulfateuse, qui vaporise des produits contre les maladies et les parasites.

L'été, le tracteur, attelé à un chariot, roule à côté de la moissonneuse-batteuse, qui déverse la récolte dans le chariot.

Des pneus sculptés
Le tracteur travaille souvent dans la boue. Pour ne pas s'embourber, ses énormes roues sont munies de pneus très épais, sculptés de crêtes et de gouttières. Les crêtes saillantes lui donnent une bonne prise au sol, les gouttières creuses évacuent l'eau boueuse.

Les roues avant dirigent le tracteur.

▲ On verse de l'huile dans le moteur pour empêcher les pièces de s'abîmer en frottant.

TRAIN

Le train est un convoi de voitures remorqué par une motrice, ou locomotive, sur un chemin de fer. Les trains transportent des voyageurs et des marchandises. Les premiers trains datent des années 1830. Ils étaient tirés par une locomotive à vapeur, mais aujourd'hui la plupart des locomotives ont un moteur **diesel** ou marchent à l'électricité.

▶ **Les trains voyagent par tous les temps. En montagne, les locomotives ont un chasse-neige, qui écarte la neige des rails.**

Un train à grande vitesse

L'avant de la locomotive a une forme arrondie qui permet aux filets d'air de s'écouler sans turbulences, en glissant les uns sur les autres.

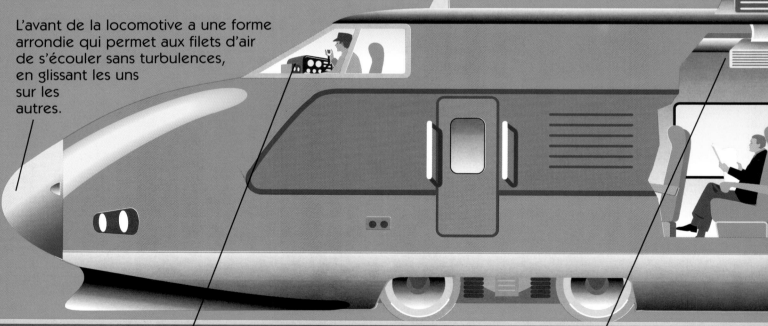

Dans sa cabine, le conducteur dispose d'un tableau de bord et d'une radio. La radio lui permet de communiquer avec les agents de signalisation qui surveillent le mouvement des trains sur la ligne. S'il y a un accident plus bas, les agents de signalisation demandent au conducteur d'arrêter le train.

L'air conditionné rafraîchit les voitures par temps chaud. L'hiver, les voitures sont chauffées.

Le train et l'environnement

Le train est sans aucun doute un moyen de transport d'avenir. Il transporte des charges bien plus lourdes que le camion ou le car, tout en consommant moins de **carburant**. Il salit donc moins l'air et l'**environnement**. En outre, le transport par rail décharge le trafic routier. Quand il y a moins de camions sur la route, la conduite est plus sûre pour les automobilistes.

▶ **Pour que les transports n'encombrent pas trop les artères des grandes villes, on construit des trains aériens ou souterrains appelés métros.**

Les trains électrifiés sont alimentés par des câbles qui passent au-dessus de la voie ferrée. Ils n'ont pas de réservoir à transporter. Ils sont moins lourds et plus rapides que les trains diesel.

Le guidage du train

Le train a des roues de métal lisse dont la surface de roulement est en pente. Cette pente, ou ce biseau, retient les roues sur les rails : c'est le guidage. Sur le bord interne des roues, la jante, en forme de bourrelet, assure elle aussi le guidage du train : elle l'empêche de dérailler dans les courbes très serrées.

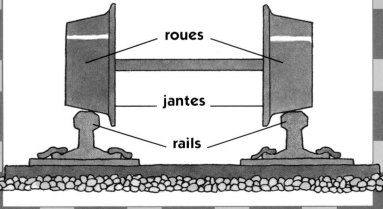

roues

jantes

rails

CAMION

Le camion est un grand et **puissant véhicule** qui transporte des marchandises par la route. Chaque type de camion est conçu et construit différemment selon la tâche à accomplir. Il y en a de très simples comme ceux qui livrent les épiceries. Il y en a aussi de gigantesques comme les camions à bois qui chargent des troncs d'arbres entiers sur leur remorque et les acheminent de la forêt à la scierie.

▲ Les camions à benne basculante ont un bras articulé qui soulève la benne au moment de décharger le camion.

Un camion réfrigéré

Grâce au déflecteur d'air, l'air glisse au-dessus du camion sans le freiner.

La cabine est le royaume du chauffeur.

Le moteur **diesel** du camion peut tirer un chargement très lourd.

Les doubles roues répartissent la charge sur une surface plus large que les roues simples, et permettent au camion de rester stable en cas de crevaison.

Le réservoir de ce camion diesel est rempli de gazole.

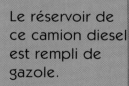

▶ **En Australie
on voit d'énormes
convois routiers. Un camion peut
tirer jusqu'à trois remorques à la fois.**

La remorque réfrigérée
garde au frais le
chargement de nourriture
et de boissons.

Le semi-remorque

Certains gros camions se composent de deux parties
détachables reliées par une articulation. La remorque
arrière s'articule sur la partie motrice du camion et n'a pas
de roues avant : ce sont des "semi-remorques".

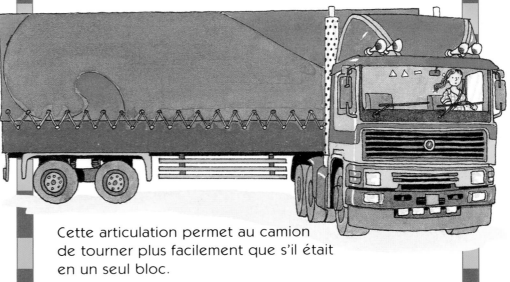

Cette articulation permet au camion
de tourner plus facilement que s'il était
en un seul bloc.

ROUE

La roue est un objet circulaire qui tourne autour d'un axe central, ou essieu. La roue existe depuis environ 5 000 ans. Ce n'est donc pas d'hier que les hommes ont découvert qu'il était plus facile de transporter les fardeaux en les mettant sur des roues qu'en les traînant sur le sol. C'est une invention simple, mais géniale, qu'on utilise dans la plupart des moyens de transport modernes.

Les roues et la vitesse

Les premières roues étaient taillées d'une seule pièce dans un matériau plein, le bois par exemple. Elles étaient robustes, mais lourdes et lentes. Les roues à rayons d'aujourd'hui sont bien plus légères. Elles permettent aux **véhicules** de rouler beaucoup plus vite.

La friction

Un paquet qu'on traîne frotte contre le sol : la **friction** le ralentit.

friction

friction

Comme la roue tourne, la partie qui touche le sol n'est pas toujours la même. Il y a très peu de frottement contre le sol, et moins de friction.

▲ Les roues de moto sont légères et roulent à toute allure.

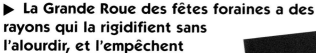

▶ **La Grande Roue des fêtes foraines a des rayons qui la rigidifient sans l'alourdir, et l'empêchent de se déformer.**

Le roulement à billes

Pour que la roue ne frotte pas trop contre l'essieu et ne soit pas ralentie par la friction, on place entre l'essieu et la roue deux anneaux de petites billes de métal poli. Le frottement de roulement laisse place à un frottement de glissement, beaucoup moins important.

Des patins à roulettes modernes

pneu plein

axe ou essieu

roulement à billes

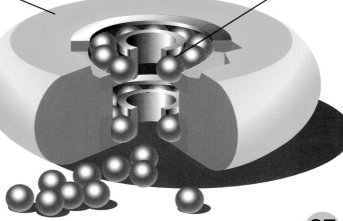

87

Glossaire

Antenne Ce qui émet des ondes radio ou capte celles qui voyagent dans les airs.

Appareil Machine de petite taille.

Atmosphère La couche d'air et de gaz qui enveloppe la Terre.

Carburant Combustible qui alimente un moteur à combustion interne, le moteur à explosion ou le diesel, par exemple.

Centrale électrique Grande usine où l'on produit de l'électricité à l'aide d'un générateur.

Civilisation Les coutumes, les idées et les arts des pays et des peuples du monde.

Combustible Ce qui fournit de l'énergie en brûlant.

Diesel (du nom de son inventeur, un ingénieur allemand) Moteur à combustion interne qui fonctionne au gazole.

Élan Force qui fait qu'un corps en mouvement conserve sa direction quelque temps : il reste sur sa lancée.

Énergie Ce qui permet de faire un travail. Les combustibles, le Soleil, l'eau et le vent sont des sources d'énergie.

Entrepôt Lieu où l'on range les marchandises avant de les mettre en vente dans le commerce.

Environnement La Terre qui nous entoure, la mer qui nous baigne, l'air que nous respirons, l'eau de nos rivières, les forêts qui nous donnent de l'oxygène...

Fabrication en série Production d'objets identiques en grande quantité, destinée à abaisser le prix de revient de chaque objet.

Fibre de verre Matériau constitué de fils de verre.

Fibre optique Fin fil de plastique ou de verre qui conduit les impulsions lumineuses.

Filtre Tamis qui retient certains éléments et permet à d'autres de passer.

Force Poussée ou traction qui modifie le mouvement d'un objet ou lui imprime un mouvement.

Forme aérodynamique Forme spécialement dessinée pour offrir peu de résistance à l'air. L'écoulement de l'air sur une forme aérodynamique se fait par glissement des couches d'air les unes sur les autres, sans agitation désordonnée ni mélange.

Friction Frottement de deux corps l'un contre l'autre ayant pour effet de ralentir leur mouvement.

Gaz d'échappement Fumées, gaz ou vapeurs très souvent irritants.

Générateur Machine qui transforme l'énergie qu'elle reçoit en énergie électrique.

Germes Minuscules organismes vivants qui peuvent transmettre des maladies. Ce sont les microbes, les virus, les bacilles, les bactéries...

Gravité (force de) Force d'attraction qu'exerce toute masse importante sur des masses plus faibles. La force d'attraction terrestre attire tous les corps vers le centre de la Terre. Le Soleil exerce une force d'attraction sur la Terre et les planètes du système solaire.

Hélice Objet dont les pales en tournant autour d'un moyeu central font avancer un bateau ou un avion.

Ingénieur Celui qui invente ou qui mène à bien des réalisations techniques telles que des moteurs, des machines, des routes, des ponts...

Machine Plusieurs outils différents qui se mettent en mouvement tous ensemble pour fournir un travail. Une automobile a de 30 000 à 40 000 pièces.

Matériau Matière de base, ou matière destinée à être mise en œuvre.

Matière Substance dont un objet est fait.

Négatif L'image sur la pellicule de photo. Les parties sombres de la scène photographiée y apparaissent claires, car peu de lumière a impressionné la pellicule. À l'inverse, les parties claires y apparaissent sombres.

Nucléaire Qui concerne le noyau de l'atome et l'énergie qui s'en dégage.

Objectif d'appareil photographique Lentille de verre ou de plastique qui dévie la lumière.

Orbite Trajectoire courbe d'une planète autour d'un astre plus gros. La Lune et les satellites spatiaux sont en orbite autour de la Terre.

Performant Qui a un bon rendement, marche sans gaspiller d'énergie

Puissance Force nécessaire pour produire un travail.

Radar Système qui permet de détecter des avions ou des navires. Le radar émet des ondes à grande distance : quand ces ondes touchent l'objet à identifier, elles envoient des échos sur l'antenne du radar.

Radiodiffuser Émettre à travers les airs par ondes radio.

Rayon laser Rayon lumineux très fin et très puissant qui peut couper même le fer.

Rayon lumineux Lumière qui se déplace en ligne droite.

Recyclage Réutilisation d'un objet ou d'un matériau pour en faire autre chose.

Reliure Pages cousues ou collées ensemble à l'intérieur d'une couverture.

Ressources naturelles Les possibilités que nous offre le milieu naturel, notamment dans le domaine de l'énergie.

Rouille Taches d'un brun roux qui surviennent sur le fer exposé à l'air humide, et l'altèrent.

Salaire Somme d'argent versée à quelqu'un en échange de son travail.

Satellite Corps qui tourne autour d'une planète. L'homme fabrique des satellites artificiels à des fins scientifiques et techniques.

Soudure Manière d'assembler deux pièces de métal en les faisant fondre à la chaleur et en les pressant ensuite l'une contre l'autre pour qu'une fois refroidies elles n'en fassent plus qu'une.

Source Lieu d'origine des choses.

Station d'épuration Usine qui purifie les eaux usées.

Studio Lieu où on tourne des films, où on enregistre des disques, ou des émissions de radio ou de télévision.

Température Degré de chaleur. Quand tu as pris ta température, tu connais la chaleur de ton corps.

Textile Fibres tissées dont on fait des vêtements, des tentures, des tapis, des rideaux, etc.

Véhicule Machine qui transporte des personnes ou des marchandises.

Index